御獄教正統伝

# 祈祷禁厭神占宝典

渡辺銀治郎

# 序辭

祈禱禁厭神占は、神明の靈託に基づく神秘の行事にて、宗教の極地であり信仰の終局である。是が無ければ神明の威靈を顯證することも出來ねば、宗教家の價値を發揮することも不可能であつて、道德修身の教科と宗教信仰とは何等差異がないことになる。

神勅神傳の祈禱禁厭神占は神秘であり神聖であつて、不信不淨の者は容易に之を體得することは出來ぬ。左りとて非常に困難なものでもなく、正しく進みて信修すれば何人も通達し得るのである。

然るに後世種々の技巧を交へ、又營業的策略を加味して、却て繁雜難解ならしめ、且つ神意を誤り神教を冒瀆するものさへあるに至り、從て世間より荒唐無稽と嘲られ迷信と斥けらるることも尠くない。

茲に於て本敎は神勅の眞正なる傳統を發露して、其の本領を明確ならしめ、敎師の修行と實施の規範を指示し、以て敎化救濟の大道を樹立せんが爲め、從來の秘密主義を排して之を公開することとした。

尤も其の細密の點に至つては容易に之を文章に現はし難く、猶師授口傳を要するものあり、更に又細大洩さず詳述すれば數千頁の大册となる故、肝要適切のもののみを撰びて其の要綱を摘錄することとなせり。

昭和十六年正月元旦

御嶽敎管長　渡邊銀治郎識

目次

# 上巻 祈禱篇

## 總說


一、祈禱の意義……一
二、祈禱の由來……三
三、祈禱の修練……六
四、祈禱の活用……八
五、祈禱の効驗……一〇


## 第一章 神人感通


第一節 神人交感の原理……一三
第二節 齋戒物忌……一五
第三節 身滌の嚴法……一六
第四節 山靈の感化……一八

第五節　實地の修練……一九

## 第二章　修道眞法

第一節　修道の公則……二一
第二節　氣吹の神法……二三
第三節　鎭魂法……二六
第四節　神託法……二八
第五節　審神式……三〇

## 第三章　降神行事

第一節　降神の實義……三三
第二節　降神の作法……三四
第三節　石笛神託式……三六
第四節　神勇音樂式……三七
第五節　神舞式……三九

第四章　通常祈禱
第一節　各種の祈禱……四一
第二節　直接祈禱間接祈禱……四三
第三節　消災祈禱……四五
第四節　御嶽山祈禱法……四六
第五節　増益祈禱……四七
第五章　神秘祈禱
第一節　探湯式と湯立……四八
第二節　焚火式と火渡……五三
第三節　鳴動式……五七
第四節　鳴弦式……五九
第五節　蟇目式……六一

## 中巻　禁厭傳

総説

一、禁厭の本義……六五
二、禁厭の由來……六六
三、禁厭の正邪……六八
四、禁厭の應用……七〇
五、禁厭の効果……七一

## 第一章 神感秘要

第一節 神感法五則……七四
第二節 灌水式……七六
入門灌水 ◎病者灌水 ◎神明水 ◎神法衣 ◎狹霧法 ◎水切大事 ◎神物清め
第三節 木綿襷式……七九
第四節 神異發現……八一

## 第二章 神符大事

第一節 神符の本源……八三
第二節 神符の種別……八五

第三節　神符調進法……八六
第四節　神符の奇蹟……八八

第三章　十種の神寶

第一節　神寶の本質……九〇
第二節　神寶の靈德……九二
第三節　神言の威力……九三
第四節　實施の秘訣……九五

第四章　八劒神法

第一節　八劒大神……九六
第二節　劒渡式……九八
第三節　白刄加持……九九
第四節　影針紙劒傳……一〇〇

第五章　修道規範

第一節　正法八要……一〇三

第二節　不斷の精煉……一〇四
第三節　一切淨化……一〇六
第四節　自得の證明……一〇七
第五節　神符神呪の數量……一〇九

# 下卷　神占篇

## 總說

一、神占の眞髓……一一〇
二、諸占の由來……一一三
三、卜占の種別……一一四
四、各占の特質……一一六
五、神占の効力……一一七

## 第一章　太占神傳

第一節　太占の傳觀……一一九
第二節　太占と卜庭祭……一二三

第三節　太占と諸占……一二三

## 第二章　龜卜と星占

第一節　龜卜の由來作法……一二四
第二節　九曜と九星……一二六
第三節　星格と人格……一二八

## 第三章　筮卜と數理

第一節　易理の玄妙……一三〇
第二節　太極と卦爻……一三三
第三節　筮　法……一三七

## 第四章　幹枝占法

第一節　天源と干支……一四一
一　天　源　術……一四一
二　五行の性格……一四三

三　十干の性格……一四五
四　十二支の性格……一四七
五　六十納音……一四九
第二節　三輪と四柱……一五二
第三節　洵宮術……一五六

第五章　觀相と身光

第一節　手相人相……一五七
第二節　宅相家相……一六〇
第三節　體氣と身光……一六三

第六章　特殊の卜占

第一節　姓名學と音聲占……一六六
第二節　童謠と夢占……一六八
第三節　雜占……一七一

御嶽教正統傳

# 祈禱禁厭神占寶典

御嶽教管長　渡邊銀治郎監修

## 上巻　祈禱篇

### 總説

#### 一、祈禱の意義

祈禱は日本の固有の詞《ことば》ではイノルといふ、イは忌《いみ》の約語、卽ち不淨を忌《い》む、清淨潔齋すること（齋戒）ノルは宣《の》る、申し述ぶること、自分の心身を清淨にして御願ひ申すといふ意である、自分の力の及ばぬ所を神佛等の如き自分以上の有力なるものに依賴して助けて貰《もろ》ふことである。

助力を求むるには先づ禮儀を正《たゞ》しくして頼まねばならぬ、たとへ誠意はあつても無禮失態があれば、相手の感情を害し、折角の事も徒勞水泡に歸するのである、それから又依頼するには一種の交換的の條件がなくてはならぬ、卽ち此の願が成就したならば、報賽《ほうさん》卽ち御禮をするとか、又豫め斯く〳〵の事柄を斷行するとかいふやうなことで、例へば病氣を治癒させて貰ひたい、その代りに好きな酒や烟草を禁斷するとか、治病の上は斯く斯くの慈善を行ふとかいふやうな誓約を立てるのである。

次に祈禱には自分の爲めにするのと、行者敎師として他人の爲めに行ふのとある。此の他人の爲めに行ふ祈禱は。宗敎々師獨占の使命であり責務であるから　餘程修練を積み効驗が確實でなければ、神を汚し人を誤り己を欺くことになる。

總て祭事には祈禱の意味が多少含まれては居るが、祭はマツルにて待ち受くるの約語であつて、御客を大切に招待し御馳走をするといふのを主とし、祈禱は頼むことがあるから招待して大切に祭をするといふ條件付の御馳走をするのである、そこで祈禱には通常の祭典よりは神饌等でも、特に祈願の趣意に相應した物を用ふるのが本旨である。

## 二、祈禱の由來

御嶽教歷代管長の御諭告に曰く

祈禱を行ふ目的は、災を攘《はら》ひて福を招くにあり、神代《かみよ》の昔《むかし》素盞嗚尊《すさなうのみこと》の御あらびに由《よ》りて、天照皇大神天《あめ》の岩戸に籠《こも》りたまひ、世の中の殃《わざわ》ひといふ殃ひ悉く起り、天地は闇黑世界と化し去れり、高皇產靈神《たかみむすび》は多くの神等《かみたち》を召《めし》集《つど》へて祈禱を行はせ給ふ、或は鳥《とり》を鳴せ、火を焚《たき》て驚覺《おどろ》かし給ひ、或は神樂《くら》を舞て慰め奉り、或は祝詞《のりと》を奏して誠心祈願の旨を申《の》べ、遂に日神《ひのかみ》の御出臨を仰ぐに至れり。

又皇孫《すめみま》瓊々杵尊《ににぎのみこと》の天降《あまくだ》り給へる時、天津神籬《あまつひもろぎ》（神を招く神座）天津磐境《あまついわさか》（神殿）を樹《た》て齋奉《いはいまつ》らむとの神勅あり、各戸の神棚も此の磐境の一つとして倣ひ始めたるものとす、此の齋《いはひ》は祈禱のことにして、神明の加護を願ふ義なり、それは萬葉集、風雅集等にイハヒをイノル意に歌ひ、誕生の祝も結婚の祝も家庭の祝も、すべての祝は神を祭りて其の神に除災求福を祈る意を有せぬものはない、齋《いはい》卽ち祝《いはい》なり　神武天皇は丹生《によ》の川上に祈禱して征平の功を奏し、神功皇后は山田に齋戒祈禱して三韓を征し、龜山上皇は捨身の御祈念を以て元の大軍を滅し、敵國征伐、朝敵征伐、其の他苟くも國家の大事に際して、神明に祈禱せざることとなし、此は公式の大祈禱なるが、一家庭にても個人にても事あれば必ず祈禱を行ひて、神明の加護助力を仰がざることなし．

又曰く

本教の祈禱の要目は、病氣平癒、願望成就、武運（家運も）長久、家內安全、商賣繁昌、姙婦安產、起案成功、航海（旅行も）無難等を主とす、此等の祈禱式は一定の書傳によりて成立せる法式と異なり、信仰の厚き修行の結果、神の敎へたまへるまに〱に行ふものなり、それは神功皇后征韓の際、航海無難の御祈禱を行はせられ、天照皇大神と住吉三神の御神勅あり、それに隨ひて型《かた》の如く進み行《おこな》ひしに、順風起りて無事に目的地に達せし等、かくの如き實證は近時にても枚擧に遑《いとま》あらず。

左れば祈禱の法式は勤嚴を主とし、深信至誠を旨とするも、祈願文卽ち祝詞の如きは其時宜に適したるやうに、祈禱者各自に作文し、文の巧拙等は問ふ所にあらず、誠意通達を本領とすべし。

御嶽敎正傳祈禱の神歌

さしたてし、あめの岩戸の、かたきをも、祈らばいかで、ひらけざるべき

榊葉《さかきば》に、木綿《ゆふ》とりしでて、祈らずば、なほき心を、いかでしめさむ

まがことを、よきこととなさむ、よしぞなき、神のちからを、祈らざりせば

### 三、祈禱の修練

祈禱の修行をするには、大した學力が無ければならぬといふ譯《わけ》ではない、

併し今日は文化の世の中であり、又教師はそれ〳〵一定の學歷資格を要するのであるから、それ相應の學問はなくてはならぬ、尤もいくら理窟を謂《いり》て見ても、萬卷の書物を積重《つみかさ》ねても、筆先を甘《うま》く動かしても、それで祈禱が出來るといふものでもなく、又金をかけねばならぬといふ譯でもない、勿論《もちろん》良師に就き大體の事は一通《とほ》り學《まな》ばねばならぬが、それは三ヶ月とか半歳位で事足る、その後は獨自の熱誠を以て、修練に修練を重《かさ》ね、剥肉粉骨の猛練習を努《つと》むれば、そこに忽ち神明の感應が現《あら》はれ、奇蹟的の體覺自得に達するのである。若し一定時間の餘裕がないといふならば、八時間寢るのを二時間か一時間割愛して、朝六時に起るのを五時に起き、曉天一時間の修行を嚴修すれば、平凡な修學の一日に勝《まさ》るのである。

斯くていよ〳〵固《かた》い自信を得た上でなければ、他人の爲めに祈禱を行ふ

てはならぬ、確信なしに祈禱するのは大罪悪であり、神罰天譴が必ず至るのである、

御嶽教々傳には、祈禱に効驗の著《いちじ》るしいのは、性來朴直朴雅の人物であつて、一念を祈禱の爲に凝結し、多年一心不亂に修行したものであり、從て人格も何となく高尙で、神に近き感があると。

## 四、祈禱の活用

名醫は病患よりも先づ其の心を治め、又下藥は病を癒し、中藥は健康を增進し病をして自から退癒せしむ、上藥は心を治して病源を杜《ふさ》ぐといつてある。此は宗教々師にとりて無上至大の敎訓であり、信條鐵則である。

祈禱は一心專念に直往勵行して、必ず効驗あらしめねばならぬが、敎師としての使命天職は、單にある一種の病患を祈禱に由て治癒せしむるだけ

に滿足すべきでない、病氣治平の祈禱と俱に、祈禱といふ絕好の武器機會に事寄《ことよせ》て、病氣以外に於ける其の人の性癖惡習等を矯正し、且つ進んで眞の道に惹き入るべく努めねばならぬ、併しそれが無理不當の方法を以てすれば、却て反感を招き玉石俱に碎《くだ》くるやうになるから、極めて妥當自然の手段を執るべきである。

　總て病氣の原因は多くは其人の性癖に依るものであるから、病人が平常臆病優柔の人物であれば、此の病の遠因又は眞因は臆病に在と觀察し、治病と同時に臆病癖を治する方法を工夫するのが肝要である。そしてそれも成るべく强《しい》ずして自發的に矯正するやうに感化するがよい、强慾者好色漢、輕躁、憂鬱、麁暴、傲慢、嫉妬、虛僞、惡戲、怠慢等の癖性は、治病祈禱と同時に矯正法を講ずれば、極めて効果的である。尤も此は行者が人格者であり熱誠でなくては成功せぬ、更生の人、入信の人を作るには、自己が先づ更生の人、入信の人を作るには、自己が先づ更生向上信心堅固でなくてはならぬ、かくて一人を教化し得れば余は竹を割るに刃を迎へて裂《さく》るが如き自然の妙を現はすのである。

## 五、祈禱の効果

普通の人間の人力を一と假定すれば、行者として修練を積みたる力は、四倍か五倍に相當する、即ち常人が一日十里を歩《ある》くとすれば、忍術的の修行をした者は四十里位は樂に歩ける、巾跳び高飛び、視覺聽覺嗅覺でも皆そういふ比例で修行の効果が現はれる。それは玉乘り曲馬師輕業でさへ、常の倍三倍の動作を見せものにするのでも判《わか》る、此等は何人も體驗し得る現實であつて一點疑ふ餘地はない、そこで病人の力を一、患者が若し無智覺者であれば零でもよい、又父兄等依賴者の力を借りて一としてもよい、それに祈禱行者の修練の力を四とすれば合せて五となる、更に又神明の力は無限なるも、それを十と假定すれば、祈禱の總力が十五になる、患者の一の力が十五となれば、そこに何等かの異變が起らなくてはならぬ、若し一が十五になつても變化がないとすれば、それこそ科學に背き理學力學《りきがく》は自滅することになる、左れば祈禱の効驗は力學《りきがく》上確實に證明し得る科學的經驗事實であつて、迷信でもなく奇蹟でもなく、自然至當の理法であり、宇宙の眞理である。

　祈禱を乞ふ者の念願力、行者の修練力、神明の威靈力この三力が一致同化して發生したる科學的變化作用、それが祈禱の効果であり、所謂靈驗である、そして此は力學以外に更に精神學にても實驗心理學にても保證する所であり、哲學では神力を實在力とか絶對力とかいふまでである、科學上の遠心力、求心力、引力、電力、エーテル、磁力等といふのも、皆此の祈禱靈驗作用の證明資料たるべきものである。

# 第一章　神人感通

## 第一節　神人交感の原理

人間は固より天地萬物は、悉く産靈《むすび》の神の御神業御靈德に由て發生したものである。卽ち吾々の心は産靈の神の御分靈であり、身體はその分身である、人身は神明の御宿《みやど》といふのも分靈の宮といふ次第である。神明は親《おや》であり、吾々は子《こ》であり支體である、又神明は純眞の地金、吾々は合金加工の物具と見てもよい、故に神明も人間も其の根本の眞質に於て何等異なる所はない、然るに人間が此の世に生存するため、四圍の情勢に支配せられ、種々の誘惑に囚《とら》はれ、天稟天眞の心身を汚がし、恰かも放蕩兒が勘當されて流浪し居る如く、親と離れ、神に遠ざかり、罪汚の人不自由の身、我執偏頗の心となつたのである。併し如何に罪汚《つみけが》れを重ねても、それは太陽に雲がかかつたやうなもので、神の分靈たる眞《まご》心が無くなつた譯ではないから、罪汚れを祓ひ純眞の本心に立ち返るのは不可能でない。即ち悔悟し謝罪し、將來を誓へば勘當が許されて、再び親の許に歸れるやうなものである、此の悔悟謝罪誓約が即ち祓《はら》ひであり、信神又は信心即ち信仰といふ工作である。

斯く神と人とは本來同源同質であるから、中間の邪魔物《じやまもの》である汚《けが》れや惑《まよい》を取り去れば、忽ち同化して一味となる、此の同化一味となるのが所謂神人交感である、既に交感すればそこに常人の及び難い、人プラス神の偉大なる動作が行はるる、それが即ち靈驗である。

無線電信ラヂオは空間に充滿する電氣を活用して、千里一瞬、肉眼物質等の媒介なく、單に放送器と受信器のみにて用便して居る、放送器を神と見、放送語を神託と見、受信器を人間と見て、受信器に破損さへなければ立派に放送語即ち神託が聽取れる、それが感應である。若し受信器が損じたる如く罪汚れがあるか、或は受信器を開かぬ如く人に信仰がなければ、放送神託はあつても一向感受されぬのである。

人間の技巧で造つたラヂオの器械でさへ、かく至大の妙用がある。況《まし》て神人共同工作の上、電氣磁氣エテール以上の靈氣神力を媒介とする靈感が成立《なりたた》ぬ理由はない、若し神人感應が不合理不可能であるとするならば、電

信も磁石も怪物化し、現に行はるるラヂオも否定せねばならぬことになる

## 第二節　齋戒物忌

齋《さい》は淸《きよ》むること、戒は惡をせぬこと、物忌《ものいみ》は不潔不淨に觸れぬこと、四字共つまり同じ義である、此の齋戒物忌行事は、神代に伊邪那岐《いざなぎ》神伊邪那美《み》神が蛭兒《ひるこ》を生み給ひし時より行はれ、上代より忌部《いみべ》なるものありて之を掌《つかさど》り、極めて嚴格なる行事であつて、普通の祭儀にもこれを以て神明奉仕の至道として居る。況して神人感應の堂奥に入らむとする者は、先づ此の行事を勵行し嚴守せねばならぬ。

齋戒物忌には致齋即ち眞忌とて、百事を全廢し淨身沐浴、唯だ神事のみ行ふものと、散齋卽ち疎齋とて、喪を吊はず、刑殺を見ず、宍《にく》を食はず、汚穢の事に預からざる等の禁忌とす、此等は大祭小祭によつて分つ、又食

物其の他に別火の事ありて穢火を忌み、世間の殃は總て穢火、瞋恚の焰より起ると爲し、生火《いきび》淨火は造化の功を扶け生々として榮へ、鎭火焚火は神代より行はれし祭儀であつて、出雲大社には齋殿《いみどの》ありて火鑽臼《ひきりうす》を供ふ。此の齋戒物忌は祈禱には常に嚴修し、厠に入る度毎に行水又は湯浴すること、房事を愼むこと、飮食物の禁忌、雜談等嚴禁すべきものとす。

### 第三節　身滌の嚴法

地球の表面は初め漫々たる水を以て覆《おほ》はれ、其の水底より徐々と陸地を隆起し、遂に萬物を生じ來たのである。故に海洋を海原《うなはら》卽ち產腹《うなはら》といふ。萬物の母胎たるをいひ現はしたのである、人も初めは一細胞の微小なる水球にて、それが水液によつて漸次生育し、又母の胎内は水氣を以て滿《みた》され、其の壓《あつ》力にて體外に押出され、乳水にて成長す、水なくしては吾々は生命を保《たも》ち難い。

水の靈力を認めた上は、毎朝起床と倶に水に親《した》しみ、身滌《みそぎ》行事にいそしむべし、禊《みそぎ》は伊《い》邪《ざ》那《な》岐《ぎ》神が黄泉《よみ》の汚れ祓ひ給ふために行はれ、其の結果清淨の力によりて多くの神々を發生し給ふた。故に神は清淨より生《う》まれるといふのである。

行水場にては先づ禊祓を唱へ、水神を拜禮し、水の靈力を觀想し、次に行水卽ち頭より水を浴《あび》る、健康の如何によりては冷水摩擦にても宜し、身滌は單に身根を洗ひ清むるに止まらず、心元の淨化を心掛けねばならぬ、心身共に洗ふ故に嚴法《いつのり》といふ、此は健康法ばかりでなく、罪穢《つみけがれ》の洗滌《はらひ》、善心信神の喚起に重大の意義を有するものにて、毎朝の身滌と冷水一杯を呑むことは、終生怠りなく勵行し、又祭儀や特別の祈禱に際しては、其の都度時々この行事を勤修すべきものとす。

## 第四節　山靈の感化

山は神秘である淨化の本據である、名神大社は多く山に象《かた》どり、昂々然として獨立不羈を表徴し、質實剛健の氣韻を備ふ、山地に住む者登山を好む者は、其の氣宇自から神嚴にして一切の言動は其の輪廓が極めて明晰であり爽快である。

踏破す千山萬岳の雲、千棘萬礫、以て漸く山頂に達すれば、心身頓に脱落して、一切の邪念煩悶は全たく消へ去り、神氣浩荒、自から獨立羽化して登仙の想がある、眼を開けば乾坤自から一眸の下に集まり、雄大絶偉神嚴、更に他の比すべきものなく、雲は脚下に起り風は半腹に舞ひ、天日獨り吾を照らし、天地が我れか、我れが天地か、悠なるかな〱眞にこれ神秘の奥殿、淨化の眞諦、山靈は笑て語らむとし、鬼氣は迫つて歌ふ。

山靈の感化は眞にこれ一切感化の最上乘なるものであり、嚴格、崇高、眞純、耐苦、持久幾多の美德性格を陶冶し馴致せしむ、山居生活と飢餓の經驗なきものは、未だ倶に信仰を語るに足らぬ、祈禱修行、神人感通を希ふ者は、少なくとも兩三年、或は斷續的に年々一二回三日なれ五日なれ登山又は山籠りして、腦の洗濯と健康試練に努《つと》め、心身淨化の本筋を辿るべきである。

## 第五節　實地の修練

祈禱法を修行し神人感應の奥儀に達せんため、齋戒物忌、身滌行事、山籠りや瀧《たき》に打たるる等の修行を練習して、漸く自得の境地に入り、大體に於て自信が確立したからといつても、それを直ちに他人に對して應用するのは危險である、そこでいろ〳〵と實地の試驗を行はねばならぬ。

先づ神人感通が可能である、慥《たし》かに祈禱の効驗を現はし得るといふ自信が出來たならば、それを第一に自分に試《こころみ》るべきである、卽ち自己の吉凶禍福、變異等に就て豫感豫知の試驗を繰返し〳〵て行ひ、それが三分、半分、八分まで適中すれば一通りの成功である、次に社會の出來事に就て判斷を試みる、卽ち世間で問題になつて居る何々事件は、如何に決著するか等を豫測豫斷して見るのである、又或人の病氣や災狂を扶けたいと念じ、賴まれぬ間接祈禱を行ひ、祈禱に効果があれば斷く〳〵の出來事があれ、効驗がなければかくあれと條件を附《つ》け、目安を定めて置て効力の有無を試驗するのである。

次は家族の病氣や性癖等に就て實地修練を積む、其の次は親族知友等の小範圍に限り、先方の諒解の下に祈禱を行ふ、そして其の効驗率が八分に達すれば、ここに始めて看板を揚げ堂々公開するを妨げぬ、猶特に留意すべきは報酬觀念を斷ち救濟の意を專一とす、併しそれは廻り廻つて結局大利となるのである。

# 第二章　修道眞法

## 第一節　修道の公則

神明を敬信し、神道の門に入り、惟神の大道を嚴修せむとする者は、生不退不變の大誓願を起し、天地自然の大法公則を規準として體修せねばならぬ、修道の究竟の目的は神人同化即ち自分が最後的神化するに在るが、それに達するには一定の階級順序がある。

一、自分の惡念を祓ひ清め、惡習を矯正す。

二、家族に對しても前同樣に實行せしむ。

三、社會公共の爲めになる事なれば、自己の損得に關はらず犧牲的に奉仕す。

四、君上國家に對する忠愛の內面的活動として獻身不撓の精氣を涵養す。

五、世界の平和人類福祉の基調として、思想の統制淨化に努力す。

六、眞理の遵守發揮の爲め捨身邁進の覺悟を訓練す。

以上を修道の六大公則といふ、此の公則に準據せずして我利や偉《えらい》ものになつて威張るといふやうな考で修行すれば、よしそれが熱心努力のために成功するとしても、遂には邪道に墮し、五衞門の忍術や、逆賊の邪劒と撰ぶなく、結局神罰を蒙るのである。

自修、敎化、救濟そして無慾、それが祈禱敎師の信條である、併し全然無報酬では生計が成立ぬが、實際効驗さへあれば求めずして自から報《むく》ひられ、財物は自然に沸き德化は期せずして自から傳播する、若し強て求むる心あれば一時盛んであつても、結局不知〳〵退縮衰亡に向ふのである。

## 第二節　氣吹の神法

氣吹《いぶき》は伊吹又は息吹と書く、元來地球は最初氣體即ち風氣より凝成したもので、今も猶雰圍氣を以て地殼を覆ひ、吾々も此の雰圍氣の中に棲息し、空氣の恩惠を間斷なく受け、水や食物は無くても三四日は生存し得るが、空氣なくしては一刻も存在し得ない、又日光は常に空氣を淨化せしめ、光熱は呼吸上にも關連して、人間の生存並に其の活動に最も必要である、空氣の呼吸即ち人間の氣息《いき》であり生命であり、氣息《いき》は又熱であり火である、氣息絶《たゆ》れば身體冷ゆ。

人間の身體も萬物も七十餘元素又は幾元素より成るといふが、まとむれば結局水火二元であり、水火調節すれば健康、水克《かし》ば冷性や腫物等の疾患を發し、火强ければ熱性の病を生ず、合理的自然の死は水火が漸次に均しく減退し、何等苦痛なき安穩の死を遂ぐ。

又如何なる道法にても嚴正に心氣を練《ね》るには、呼吸の調節を第一とし基調とす、氣合《きあひ》、氣心《きごころ》、氣持、氣轉、呼吸がしつくり合ふ等、萬事に調氣の肝要なことは今更云ふまでもなし。

氣吹神法は夜半より午前中に行ふものとす、朝を尤も好《よし》とす、一日二回又は三回、十分間より二十分內外、東向靜座、兩膝の間を二三寸開《あ》け、兩《りやう》踵《かゝと》の上に尻《しり》を置き。兩手を臍下に組み、半眼、すべて體操の姿勢を執る、かくて先づ腹中にある邪氣を口より充分に吐き出す、次に鼻孔より徐々に新鮮の生氣を吸ひ、又靜かに緩《ゆる》やかに口より吐き出す、彼の深呼吸法や腹式呼吸法のやうに肺を强制するのは害がある、緩く丸《まる》く長くといふのが三大主眼である。

元來普通常態の呼吸は一分間十八九回、一呼吸約三秒位であるのを、少しづつ延長し一分間に一呼吸ですむやうになれば上成績である、此の氣吹法は每朝身滌に次《つい》で行ふを最上とす、身滌氣吹此の二法を嚴修すれば心氣清澄、仙境に入るの感を生じ　頭腦自から明晰となり記憶力判斷力思考力の强進、內眞の勇氣旺盛にして、無病長壽疑ひなく、神人感應、祈禱の効驗顯著となる。

## 第三節　鎭　魂　法

鎭魂はミタマシヅメといふ、天照皇大神が岩戸隱れの時、天鈿女命《あめのうずめのみこと》が神《かみ》憑《がか》りの狀態にて勇壯なる神樂《かぐら》舞を奏したので、此神を鎭魂神憑(歸神)の世に現《あら》はれたる始めと爲し鎭魂の神として崇《あが》められ。又素盞嗚尊《すさなうのみこと》、大巳貴命《おほなむちのみこと》にも鎭魂歸神の御神蹟あり、令義解には、離遊せる運魂を招き、之を身體の中府に鎭《しづ》むと云ひ、宇麻志麻治《うましまぢ》命は神武天皇の鎭魂祭を行ひ、歷朝御卽位の大嘗祭並に新嘗祭の前夜に之を行ふ、今日の精神統一といふのも一種の鎭魂なり。

鎭魂を其の効果より見て振魂フリミタマといふ、精神の統一が出來れば、そこに偉大なる發動が生ずる、即ち靜の極地に大動が起る、それが振魂である、鎭魂して靜止狀態なのが歸神であり、それがやがて活動を起せば、それは現神であり神憑でもあり神託ともなるのである。

鎭魂の主神としては宮中奉齋の八神、即ち高産靈《たかむすび》、神産靈《かみむすび》、生産靈《いくむすび》、足《たる》産靈《むすび》、魂留産靈《たまづめむすび》、大宮能賣《おほみやのめ》、蒼稻魂《うかのみたま》、言代主《ことしろぬし》の八柱《やはしら》にて、本には神といふ字がなく、これを心理作用的に解することもある、大巳貴命の奇魂《くしみたま》と共に深秘の解傳がある、それは神靈と人の眞靈との交渉に關する幽玄の設題であつて體驗自得の他はない。

鎭魂法は先づ身滌《みそぎ》、次に氣吹《いぶき》、次に神前にて御祓なり音樂なり神歌なり一心不亂に奏上するか、又は鎭魂祝詞或は鎭魂辭を繰返して奏上するか、更に又禪宗の坐禪の如く單に靜座して悠々と氣吹法を行ふかする中に、自然と恍惚の境に入り、遂に無意識的の不思議境、神秘界に至るのである。

鎭魂成否の試驗法は、鎭魂石なるものを前の案に置き、それに鎭魂して自分の魂《たましひ》即ち念力を吹き込む、そうすると鎭魂が利《き》けば十匁の石が十五匁二十匁となり、又分銅を十匁にやれば丁度十匁になり、二十匁の所にやれば二十匁になるといふ奇蹟が現はれる、かくて段々進歩向上して蠟燭に向て鎭魂すれば、二寸以下の焔が五寸八寸と延びて大火の如くなる、其の他いろ〳〵の法がある、併し濫用すれば邪術と誤られ、又手品と疑はるる故、決して人見せや名利の爲めに行ふてはならぬ、單に自己の體得如何を自證するに止むべし。

## 第四節　神託法

神託法は即ち神感法であり又神憑《かみがか》りである、そして其の神感にもいろいろある、學理上では直感又は偶感とて、神明の方から進んで憑《かか》り來るのがある、それは神感法を修行した者に限らず、小兒でも老若男女を問はず神明の都合次第で神憑があつて、何事か其時節に於ける重要な託宣をする、此は歴史上にも澤山な例がある、要するに突發的偶然的であり又一時的のものである。

次に憑感法とて鎭魂法を修め何等かの事件に關して、神託を乞はんとする豫期の下に行ふのである、例へば某の生死如何、その病は治するか否や、何々事件は如何に決著するや等の實際問題を提げて、自己に直接神託を受けんとするのである。

又次に他感法とて、神主(乘代《のりしろ》)とか、今日歐米にて流行する靈媒能力者の如きもの(中座)があつて、それに神靈が乘り憑《うつ》り、其の神託を前座又は審神《さにわ》者(判斷者)といふものがあつて判斷したり、質問や反問をするのである、此れが普通にいふ神憑りの樣式である、又彼の口寄《くちよ》せとか巫子《みこ》占《うら》等といふのは、これを模似したもので靈媒又は交靈術といふ方が妥當であらう。

神託法の執行には種々の方式があるが、鎭魂法を行ひ神主が無意識狀態に入るのが眼目である、既に無心となればそこに神靈が憑依して、神主の身體を行在所《あんざいしょ》として鎭《しづ》まり、神主の口を借りて神意を託宣するのである、尤も無心になりても神感のないこともある、そういふ場合は無理强《し》ひをせず、時や日を改めて更に行ふべきである。

神感の時間は五分位より最長三十分位である、又餘り長いのには俗にいふ邪靈邪神の憑依として稱賛されぬ、神靈が神主より立去る時卽ち昇神の際に神主は少時間氣絕狀態に陷るのが常であるが、徐《しづ》かに背を撫《なづ》れればやがて常態に復し、眠より醒めたる常人と同じ有樣になるのである。

審神《さにわ》とは神主に憑《つき》依たる神明の如何なるものかを審判し、又質疑應對する役目であるから充分の識見を備へ、歴史等の智識も充分であり、又神靈界の事情にも能く通曉して居らねばならぬ。

神武天皇が丹生川上にて鎭祭の時、道臣命《みちのおみのみこと》に勅して、朕親《みづ》から顯齋《うつしいはひ》を作さん、汝を用ひ齋主として授くるに嚴媛《いづひめ》の號を以てせんとあり、此は天皇親から靈座《のりしろ》となり給ひ、道臣命を審神者として、天神《あまつかみ》の神慮を伺ひたるものにて、此を公式迎神法卽ち神託法の御大儀とす。

神功皇后三韓御征伐の際、群臣百僚に仰せて罪を解《はら》ひ過を改め、更に齋宮を小山田邑に造り、三月壬申の朔《ついたち》、皇后吉時を選びて齋宮に入らせられ、親から神主と爲り給ひ、武内宿禰《すくね》に命せて、琴を撫《ひ》かしめ、中臣《なかとみ》の烏賊津《いかつ》使臣《をみ》を喚《よ》びて審神者と爲し、以て神勅をうけ給へり、此を鎭魂迎神式、卽ち純正なる神憑法と、修齋の大切なるを示し給へるものとす。

神主が大切であつて立派な純眞の人格たる上、修行を積だ能力者でなければならぬが、審神者は一層正直でなくてはならぬ、又琴の代りに石笛を吹くのと、神歌を奏するのとある、いづれにしても神韻《しんいん》漂渺《ひょうびょう》たる趣《おもむき》がなくてはならぬ。

又神憑りで、平素字も碌に書けず、學問もない神主が、立派な字を書いたり、詩を作つたり、哲學的の理窟をいつたり、音聲まで全たく變化することがある、併しそれが餘り甚だしいと狂言視せらるる故、審神者は大に警戒すべきである。

# 第三章　降神行事

## 第一節　降神の實義

總て神事即ち祭儀や祈禱には降神行事なくしては、全たく空中樓閣に了《をわ》り祭《まつり》も祈《いの》りも悉く齋主敎師の心靈術たるに止まるのである、左れば如何なる神事にても降神を主とし、神靈の嚴在を基準として執行せねばならぬ。

神託法神憑りも、祭典の際に神扉を開き神明の臨御を仰ぐも、又神籬《ひもろぎ》式も、悉く神明の現場出御といふ點に於て異《かわ》りはない、尤も神憑は神靈が人間の中に寄寓するのであつて、祭典や祈禱の場合は神靈が特に設けたる神坐に獨立嚴在するのであるから、神明の降臨は同一でも其の所在位置が異なる譯である、又祭典の場合には法式に從ひ至誠を以て神扉を開き警蹕を唱ふるか、石笛を吹くか、音樂を奏するか、又迎神（招神、降神）の祝詞《のりと》を奏上すればよいのであるが、祈禱を行ふ場合は行者が神靈降臨嚴在を確認した上でなければ、祈禱の効果、神明の加護が空に歸するのである、祈禱は神業であり行者自分が勝手に行ふべきものでないといふことを深く諦信して、至誠眞心に降神行事を眼目として、全力を神靈の招待に集注すべきである。

## 第二節　降神作法

神靈を招迎するを降神《かみおろし》、招神《ふみよび》、迎神《かむむかひ》、神寄《かみよせ》等といふ、この行事に顯齋と幽齋とがある、普通の祭典は多く顯齋に依るが、祈禱は主として幽齋行事を用ふ。

降神行事には先づ齋戒を修め、次にすべてを修祓す、次に神坐を定め更に修祓す、次に神坐の前に端坐し、半眼にて神迎の契手《ちぎり》、卽ち兩手の人指《ひとさし》指《ゆび》を立て合せ、餘《あま》りの八指を堅く組合せ、默念すること一定時、次にそのまゝ平伏の姿勢にて、降神の辭を底力のある低聲にて奏上し、更に何々の大神降《くだ》りましませと、幾回にても唱ふ、此の時詔琴《のりごと》彈奏の儀あり、之を管《すが》掻《がき》の神事といふ、音調は三折、三三四、三折、三摘三と琴を彈じ、フフ、オフリとて、謦蹕のヲを長く引きつつ少し振はして唱ふ、音の高低調節に秘義あるも文字に現はし難し、之をオフリ神事といふ。

神靈降臨あれば、神坐に異變あり、齋主卽ち祈禱者は明らかに感知し得、降神の證なき時は改めて行ふ、かくて祈禱終れば昇神行事を行ふ、昇神は送神、元府、解靈《ときたま》等といふ、降神と同じ方法なるも契手せず、只だ合掌して掌内を少しく空虛にす、送詞は一《ひ》二《ふ》三《み》四《よ》五《い》六《む》七《な》八《や》九《こ》十《と》百《もも》千《ち》萬《よろづ》にても宜し。次に神明の靈を靈代に遷し靈璽を造る法、死者の靈を靈代に招く法等あり、それを廣大鄭重に行ふには、清尾殿混沌殿等の設備を要し、又榊勸請、神籬《ひもろぎ》勸請、笏《しやく》勸請、札勸請、鏡勸請、玉勸請、御柱勸請等の種別方式ありて、それ〳〵秘傳がある、葬儀の遷靈法等も皆この方式に依るものとす。

## 第三節　石笛神託式

石笛《いしぶえ》は磐笛とも書《か》く、神代に於て八重事代主《やえことしろねし》命が磐笛を作りて、瓊々杵《ににぎの》尊《みこと》に奉り寳祚《そ》の無窮を祝福せられ、爾來鎭魂祭や、神託を願ふ降神行事には常に之を用ひたが、文武天皇の朝に石笛を廢し横笛を以て之に代へられた。

神事には琴やその他の樂器はなくても、太鼓と笛だけはどうしても無くてはならぬ、横笛を石笛に代へたのは文化の勢が然らしめたのであり、便宜であり大衆向であるが、降神行事には石笛の方が何としても神韻幽玄であつて神慮に適ひそうである。

石笛は注意して海濱をあされば、之を發見し得る、人工を加へずして天《てん》然《ねん》のままに幽音を發するのが上乘である、其の吹奏方にもいろ〳〵あるが要は修練自得にある、往年天行居の山陰道場の師範武田玄雷氏が、鎭魂修法に熱中し大巳貴命の神夢によりて石笛を感得し、それより降神の妙を得、百發百中の神託を受くるやうになつた。

石笛は降神行事以外に、精神病者や痼癖者等の矯正に奇功がある、その他いろ〳〵活用せらる。

## 第四節　神勇音樂式

道德遂行は善、學問理論の推究は眞、禮樂《れいがく》は美である、而《しか》も樂《がく》は善の極、眞の極、禮の終りである、美は眞と善とを兼ね、樂《がく》は總てを兼ねた有終の美である、軍陣の死命を制するのも樂《がく》である、前進……突擊の喇叭《らつぱ》が響《ひゞ》けば傷兵も亦起《た》つ、檢校が一席の琵琶《びわ》に拔山の武夫も淚を流す、饗宴にも樂《がく》あり、人世萬事最後の結末は音樂によつて收治せらる、神事には尤も音樂を尊ぶ。

音樂に徐調、急調、破調ありて其の用法と効果にも亦三要あり、徐は和、人心を和《やは》らげ悅び樂《たのし》ましむ、急は嚴、惡を匡《たゞ》し善を勸むるもの人をして襟を正し反省せしむ、破は打破なり突破なり、勇み進ましむ、懦夫も亦起つの慨ありとす。

神事の音樂は神明を勇《いさ》め勸めて、鎭座《みとこ》より起たしむるのと、神明の御心を慰め和らげて悦ばしめ、又怒りを宥め解くものとす、神樂《かぐら》神舞《かみまひ》も亦これによつて起る、音樂に就ては種々の秘義もあるが、それは專門業者があるから今は略す、要は神事降神に音樂の肝要なること、そしてそれが神嚴優雅にして卑猥なるを避くべきことに留意を要す。

## 第五節　神舞式

神樂《かぐら》神舞《かげまひ》は天《あめ》の岩戸開きに始まり、歷朝宮中の大儀となり、神事に於ける重要な一つの行事である、特に日本神道中我が御嶽敎を始め登山を重んずる敎派では、古來神舞式が定められ、明治維新前には舊六月の山開《やまびらき》や灌水式等には必ず神舞を行ひ、其の鄭重なのは七十五座の曲目がある、今日はこれを行ふもの少なく、單に少女を舞はしめ、神代神樂等といつてゐるが、それ等は略式の一曲に過ぎぬ、御即位御大禮の際には庭燎《にはび》の萬歳樂(文)、大平樂（武）、五節舞等を執行せられ、伊勢大神宮にては處女の大々神樂を行ひ、御嶽山には壯夫の大々樂あり、其の他各大社にはそれ〴〵由緒《ゆかり》の神樂がある、本教はそれ等を調和した神舞式を用ひ、昔は神事舞大夫なるものがあつて之を司管して居つた、今その主要曲目を記す。

逐《つひ》神《しん》簑《みの》、八雲《やくも》神《しん》詠《えい》、天《あめ》の返矢《かへしや》、神明種厨、新劍幽助、兄弟探湯、三穗崎釣魚、熱田神劍、熊襲征伐、東夷征伐、酒折連歌、天孫降臨、狹穗稻城、山海易幸、敬神愛國、悪鬼退治、三輪神榻《すぎ》、兩神恩頼

金槐集には之を里《さと》神樂《かぐら》巫といふとあり。

# 第四章　通常祈禱

## 第一節　各種の祈禱法

祈禱には消災除厄、轉禍求福、福德增進、愛敬信任、安全平和等種々あり、又同じ消災法の中にても治病と水火盜難等の豫防祈禱等の如く、人事の萬般なると同じく祈禱も亦千差萬別であるが、其の中心點は消災と增益の二つに歸結し、其の他は特殊の神術に屬すれば其《それ》は別目として說き、今消災增益の二大祈禱法の要綱を擧《あぐ》れば、

齋戒、修祓、降神、献饌、祈願詞奏上（文を用ひず口頭言上にても宜し）、神符又は神札を豫め調製して神前に備へ置く事、神符神札の祈念並に授

與

神符神札の調製は祈禱の種類に由て差あり、神饌も亦それ〴〵分別工夫を要す

依賴者又は代表者代理者は祈禱終了まで參拜し玉串を捧献せしむべし、神饌中の洗米は必ず依賴者に分與すること

又依賴者の家宅に赴きて祈禱する場合は、それ〴〵臨機の處置を執り成るべく家族全體を參拜せしめ、玉串奉奠を行はしむべし。

祈禱には大麻、祓麻、燈火、洗米、水、鹽は缺くべからず、神酒、御飯も成るべく供ふべし。

齋戒は急場にては身滌と氣吹法鎭魂法を十分位並行すべし。

由來祈禱は消災を第一義とし、人情の自然よりして神明の冥助加護を求

むるに在り、增益祈禱は聊か慾張りの氣味あり心臟の强き方なるも、決して惡しきことには非ず神明に近づくことは結構なり。

又消災祈禱は靜かにしてつつましきを要とし、神饌等も多きを尙《たつと》ばずそれ〲の場合にふさわしきものを用ふべし、增益祈禱は盛大を可とす、祭員神饌等も多きを妨げず。

總て祝詞又は願辭には、初めに御嶽大神次に其の所禱關係の主神、終りに產土大神の三神を迎ふる意を用ふべし。

## 第二節　直接禱祈間接祈禱

直接祈禱は病氣なれば直接其の病人に對して祈禱し、地鎭《ちしず》め建築等なれば直接現場に臨んで祈念するのであるから此れには別に文句はない、間接祈禱は幼兒の病氣に父母兄姉が代願するとか、或は遠方の病人が書面等で祈禱を依賴するとか、地鎭祭でも現場に赴かずして自分の道場で行ふといふのが間接の祈禱である。

祈禱の効果は依賴者の熱信と祈禱者の行力と神明の加護力との三つが一致すれば尤も有効であるが、依賴者が無意識でも代願者があれば同一である、又實地に臨まぬでも、當人に直面せぬでも意思さへ相通ずれば、直接と間接と何等異なる所はない、世事でも直接面談せずとも手紙一本で用便の足りることが多いのと同じである。

但し間接には成るべく當人の寫眞とか畫像又は身に着《つけ》たる物、或は手蹟(自筆の文字)等を代用するを可《よし》とす、そして神饌中の洗米等遠送に差支へなきものを併せて、神符神札を送り、法によつてそれを拜禮せしむべきものとす。

## 第三節　消災祈禱

消災祈禱の主なるものは療病祈禱である、此れには幾十種の方式があるが、要は行者の自信自得を主眼とす、此の祈禱には多くは神符と神札を調製し、神札は神棚又は棟木に祀り神符は當人の肌着懸守と爲す、又神符にて病體局所を撫でる法あり、此は注意を要す、又病者や姙婦に呑ましむる符もあり、此は科學的醫術的に危險なく、又法規に違反せざるやう注意すべし、疫神祈禱の神札は門戸に貼るものとす。

神札は判紙四折大、御嶽大神當病平癒御守護、又は御守護を大麻と書するもよし。

療病の他、攘蝗災、鎭火、諸難除け祈禱等いづれも其の時宜に應じて臨機の適法を執るべし。

## 第四節　御嶽山祈禱法

此は普寛行者の治病祈禱法にて、兩部神道の秘法とせられ、神道護摩の一法なり。

病人の名と年とを記して火中に入れて燒くもの、先づ神前にて祈念し、四方を堅め九字又は十方護身法の氣合を行ひ、百八本の木を積む、卽ち橫五段、縱四段、上三段に積む、積む時は神言又は淸淨祓最要祓のいづれかを唱ふべし、家內安全の祈禱には中央より火を付く、又病氣の種類に由り、頭病は乾(西北)の方、腰病は艮(東北)方、熱病は南方、胸病は北方、腹病は東南隅又は南西隅、口病は西方、手足病は東方より火をつく、火をつくる時は燒火の神言又は武尊の神言を唱ふ、かくて火の燃へ終るまで祈念の辭又は淸淨祓を奏上するものとす、後の神秘祈禱焚火式を參照すべし。

## 第五節　增益祈禱

祈禱の方式は一般と異なるなし、ただ何々事業の成就とか、增健長壽とか、何々優勝とか、其の祈願の要件願主の人格閲歴等を成るべく詳しく祈願祝詞に記入して奏上すべし、そして成就の上は必ず報賽祈念を行ふべきものとす。

武運長久祈願には國家的公人的私人的の別あり、私人的のものは畢竟幸運祈禱なり、公的祈禱は大なる祭典の方式に則《のつと》るべし、此の他戰勝、入營、出征、就學、家庭安全、行旅等の安全、安產、姙婦安全、出生生育安全、竈祭、井祭、國運進展祈念等いづれも增益祈禱に屬すべきものであつて、其の方式には廣略種々あるも趣意に於ては異《かわ》りなし。

# 第五章　神秘祈禱

## 第一節　探湯式と湯立神樂

探湯《くかたち》式は本來罪の有無を決する司法上の古法であつたが、中世より除災や豊饒祭等に鎭火式と倶に執行するやうになつた、此は顯齋と幽齋とを兼《か》ねたもので、一般的の行事次第は左の如し。

前日に神聖清淨の祭場を定め淨地式を行ひ、一定區域の四方に矢來を結び、四方又は八方に笹のついた青竹を立てそれに注連繩《しめなは》を張廻し、薪、大釜、焚火の準備を整ふ、齋主祭員湯巫《ゆみこ》は七日又は三日の齋戒を行ふ、當日時刻至れば

一、先づ列席、修祓、招神、中央は天照皇大神、右は大巳貴命少彦名命、左は湯山主神、天津神國津神、次に献饌、次に祝詞奏上、祝詞は探湯行事を行ふ故、過ちなく守らせ給へといふ意義、又治病等の依願者あればその旨を記入し、底力のある強い中音にて捧誦すべし、

二、神符の秘事、當日午前一時（眞夜半）即ち子の刻に榊葉二十一枚を取り、淨水の薄墨にて一枚に水といふ隷字を五字宛書きて紺紙に包む。

三、焚付行事、燧石にて火を起し湯釜の下に火を焚《た》きつけ、鹽水にて火清めをなす、次に湯巫進んで一拜し、釜の湯を窺ひ、釜に九分まで湛へたる水が七分餘りに減《へ》り居れば、再拜拍手して其湯を小桶に汲入《くみい》れ、齋主に傳へて神前に供す。

四、奉幣行事、齋主は湯を供へ大麻を以て左右左と神前を、三度祓ひ、

次に湯巫を三度祓ひ、次に又神前を三度祓ひて默禱す。

五、湯伏《ゆぶせ》の秘法、湯巫は齋主祭員列席の前にて湯伏の秘法を修す、卽ち玉鉾を持ちて湯釜に臨み拍手再拜して玉鉾を湯釜の中に入れ、左より右にぐる〳〵搔廻し最後に玉鉾を中心より拔上ぐ、其の時湯はいよ〳〵沸騰の度を增す、これを三度繰返す、次に天を仰ぎ再拜拍手して。

天の押羽の長井の水を天降し給へと念唱し「天水神呪」と奥齒にかみ締め、下丹田に集注の靈息《いき》を以て湯の中を吹くこと三度、次に秘歌

さわ〳〵と、沸く湯なれど、嚴法《いづのり》に、元の淸水《しみづ》と、

なるぞうれしき

と高らかに唱へ、玉鉾を再び湯の中に突き入れ、森といふ字を草體に書き込み、玉鉾にて湯の中を丸く三回畫き高く頭上に差上げて

海原や、月の出汐《でしほ》の、しほみちて、沸る荒湯も、
水となりけり

と高唱し、玉鉾を湯の中に入れて空手《からて》になり、拇指と人指指にて輪を作り、其の穴より丹田の靈氣をこめて湯を吹き祓ふ、次に閉口して氣息を下丹田にこめ神水神呪と口中にて祈唱し、秘歌

水《みづ》波《は》能《の》賣《め》、神《かみ》の氣吹《いぶき》の、嚴法《いつのり》に、湯は忽ちに、
水となりけり

と念唱し湯を吹き祓ふ時は、釜の中が片和《かたなぎ》とて、片方にのみ湯が流れる、此時湯は既に伏せたのである、若し片和見へざれば最初より行事をやり直すべし。

湯伏せ成就せる上は、湯の花神樂とて、湯巫は神前の手草二把を中降して兩手に持ち、神前より三歩退き、又三歩進みて拜すること三度、次に湯釜に向ひ三拜、次に天に向て一拜し手草を左右に打振りつつ徐々に湯釜の周圍を一周して、湯釜の許に至り三歩退き三歩進みて一拜し、次に左右の手草を湯の中に入れ、東方に進みて献拜、西南北も同樣、次に中央神前に献拜、次に中央にて我が頭上に打振りつつ進みて湯の中に手草を入れる、此時祭員も巫も一同に

民草の、罪も沸立つ、湯の玉に、消へて涼《すゞ》しき、

神の庭かな

と合唱し巫が我が左肩に振りかけて退き、又進みて手草を湯に入れて右肩にふりかく、これを數回行ひ、後ちに至る程猛烈にす、此の間奏樂、此

は世に笹湯式ともいふ、又手草以外に直接手を入れて探ることあり、故に探湯といふ、或は頭より湯を浴ぶることあり、又大豆を湯に入れ置き其の煮へたるを度として湯伏を行ふもあり、其の豆は信者に分配す。

### 湯清行事

湯神樂の神事終れば、願主や信者を齋場内に入れ、巫は手草を湯に浸し人々を湯清めを爲し、又水器に湯を汲《くみ》て病者の患部等につけることあり、此の間祭員一同は三種の祓を合奏し、行事終れば再拝拍手して退席す。水符を書きたる榊葉は、これを火防の御守とするもあり、除病の守、海上安全守、開運守等として拜受を乞ふ者に授く、奉書に包むものとす。手草は榊を束ねたるを普通とす、竹葉を束《つか》ねて用ふることもある。

## 第二節　焚火式と火渡

焚火又は燒火式といふ、御嶽山獨特の秘事にして特に難病平癒に行ふ、先づ神前裝飾、齋主祭員臨時齋戒、卽ち身滌、氣吹、鎭魂法三十分間位、尤も三日間又は前日より齋戒すれば大に宜し、神饌は幣帛、御酒、洗米、海藻、海魚、菜果類とす、御飯餠も出來得れば供ふ、特に鎭火の神儀に則れば、水、土、匏、川菜《カワナ》の四種は缺ぐべからざるものとす、主神は御嶽大神、天照皇大神、火產靈神《ほむすびのかみ》、水波女神《みづはめ》、埴山姫神《はにやまひめ》、水神火神土神金神木神の五行神、產土大神とす。

身滌祓、大祓祝詞、鎭火祭祓、招神祝詞、大幣祈念、此の祈念は、我は水の神の神坐を借り奉りて其の神坐に座す上は、我れ卽ち水の神と同體なりと唱へ觀念す。

薪は橫五段、縱四段、上三段、一段に九本都合百八本とす、上に積みたる中に祈念文、又は病者や依頼者の姓名年齢を書きたる符を入れ、薪の上に三角の錐板を載せ、森の三字を錐形に書す、薪は松、杉、檜の類を長五寸、割りて燃へ易くす。

更に神符を調進し、紙十二枚を八つに切りて包み、薪の上方に吊す、文字製法等に秘傳あり。

水天大事、源を求むる水を手に取りて放てば
九十八海となり

大海大事、青空をとび行く雲の打晴れて垂れぞ
同じ龍神の水

斯くて祈念文を誦すること三回、左手を腰に當て右手の人指指を立て(所謂針印又は一刀印)氣合をかけて三度薪を切りて火をつけ、薪の燃ゆる間、

禊祓、最要祓、祈念文を唱へては氣合をかけて切るものとす。

## 火渡式

火渡式には廣略種々あり、齋場設備は探湯式に同じ、湯立神樂と倶に火渡式を行ふを常とす、祭神並に神饌は焚火式に同じ、神燈は二基とす、先づ禊祓、大祓三回以上、大祕行事、薪に四方より火をつく、齋主祭員一同火を中にし齋壇に向て列坐す。

更に修祓、天津太祝詞、大祓、次に招神、次に祈念祝詞、次に前の氣合、次に神符並に東西南北と幣帛にて火に向つて空書す、次に神歌、神呪 天津神國津神祓ひ給へ清め給へと唱へ、又御神號を唱へつつ一同火の周圍を數回又は數十回廻る。

次に薪が燃へ切りて炭火のみとなりたるを見て、神前の鹽を火の上に蒔き、火の青色となりたる時、幣にて火の上を全面的に三度祓ふ、次に豫て備へ置きたる青竹にて火を打ち平《なら》す、次に神前の淸水を口に含み、天に向ひて霧の如く吹き、齋壇の方に向ひて渡る、逆戻りすべからず。

次に諸人をして渡らしむ

次に禮拜、送神、鎭火、退場

神符を調進して神前に備へ置き、希望者に頒つ、火伏せ法と神符調製には秘義あり。

### 第三節　鳴　動　式

鳴動とは御飯を炊く釜が不意に雷の如く、又猛獸の吼ゆるが如き音を立てて鳴り響くことをいふ。由來竈を祭り釜を尊むは和漢共古來よりの習慣で、支那では舊十二月二十四日の暮に竈を祭る、之を送竈《そうさう》といひ、六月四日十四日二十四日に祭るのを謝竈といひ、釜の鳴る日によりて吉凶を判ず、例へば子の日に釜鳴れば愁事、丑は喪事等といふ。

日本にては古より鳴動行事あり、岡山吉備津宮の御釜行事は尤も有名にて、人事の吉凶を釜鳴によつて判斷す、それは一定の方式に遵ひ祝詞を奏上し、竈に火を入れ、やがて釜が鳴り出す、恰かも牛の吼るが如し、若し凶なれば鳴動せず、依りて又歳の豊凶を占ふ。

鳴動式を行ふには、一定の齋場又は神前に現代式の竈或は焜爐を据へ、それに一升だき位の釜をかけ、水を三分位入れ、上にサナを置き其の上に米三合程入れ、修祓其の他普通式に同じく、祭神は電雷神火産靈神水波女神を特に勧請し、四方四隅中央の九ケ所を祓ひ（或は四方四隅上下（天地）の十方を祓ひ、竈釜を祓ひ、然る後火を入れ祈念文を低唱し凝念す、火が漸く盛んなるに從ひ、刀印にて竈、天地八方を氣合をかけて切り拂ふ、それより又祈念默禱す、釜の蓋を少し拇指の入る位明け、それに向ひ丹田の靈息《いき》を吹きかけ、神坐を禮拜して釜に氣合をかく、かくして暫くすればやがて鳴り出す、鳴る期間は五分より十分間位なり、鳴り止めば米は蒸されて强飯《こわめし》の如くなる、此を信者に頒つ、病氣災難を防ぐ効ありとて、封じて御守と爲す。

## 第四節　鳴弦式

鳴弦式は神代よりの神事にて現今でも皇子御誕生の際には行はせらるる、其の方式に數派あり、由來鳴弦式は弓矢神卽ち武德大神の威靈と武器の標本たる弓矢の力によりて、目に見へぬ邪氣惡魔を攘ふ爲めで、それが後には治病除災開運等に應用せられ、神符を調進して御守と爲す等普通の祈禱法と化し、更に弓矢を用ひず行者自身が矢なりと觀念して祈禱するに至つた。

鳴弦法は先づ一定の弓矢を調製し、清尾殿を設けて素盞鳴尊を齋《まつ》る、此は出雲にて寶劍を得給ひ御心淸々《すが〳〵》しと曰《のたま》ひしに因《ちな》み、其の武德と俱に祀るもの、次に健瑞殿を設け天照皇大神並に宗像の三女神を齋《まつ》る。此は弓矢神とす、又八千矛神たる大巳貴命、武甕槌《たけみかづち》經津主《ふつぬし》の兩武神を合祀す。矢の神は級長津彥《しなつひこ》級長津姬《しなつひめ》兩神とす。

斯くて其の翌日鳴弦式を行ふ、前の兩殿は一間を仕切りて設けても宜し、兩殿の前を式場とす、弓矢製法裝束裝置等いろ〳〵秘傳あり、治病の方式は、神前に八足机を置き、青白の和幣《にぎて》を立て神饌を供す、先づ神前に一揖、著座一揖、再拜拍手、天御《あめみ》柱《はしら》國《くにの》御柱《みはしら》（級長津《しなつ》神、風の神、天の神なり）と神呪し、次に主神勧招、警蹕、六根淨祓、大祓、三種大祓奏上、次に幽齋、心中祈願默禱、次に祝詞、次に病者の左方に寄りて座す、次に病者の額《たい》に一回胸に一回患部に一回、幣又は笏、扇或は刀印にて空書法を以て・

あはれ、あな面白、あな樂、あなさやけ、をけをけ、

此はカタカナにて書す

次に矢を取り三息一氣にて左右左と三度祓ひ、天地《あめつち》の眞《しん》の御柱《みはしら》、女男《めお》一《ひと》本《もと》と唱へ息を吹かく、次に大巳貴命少彦名命饒《にぎ》速日《はやひ》命龍田神（風の神 廣田神（天照皇大神の荒魂）宇麻志麻知命病者の産土大神、病者の生魂（五臓の主神）を招請し、病者の年の數だけ十種《くさ》の神寶の詞を唱ふ、次に大祓の型代《かたしろ》にて患部を撫づる型を行ふ、此時一人立ちて（他に人なければ撫了りたる上）矢を取り左右左と三度祓ひ、默禱し弓を添へ鳴弦す、撫たる型

代は川か海に流し、矢は枕頭に平治するまで裝り置く。

又神符神札を調進し、棟梁門戸に貼り、又神棚或は當人の居間に祀り、更に肌着の御守と爲す。

## 第五節　蟇目式

蟇目法秘傳に曰く、蟇目は神世《かみよ》より起れり、伊弉諾尊《いざなぎのみこと》國土を祝て射給ふ、伊弉冉尊《いざなみのみこと》御産の度毎に八臣出でて射る、正哉《まさや》吾勝尊《あがつのみこと》の降誕の日、比多志も蟇目を射る、其法備れり、依て御産の時八臣物部《ものべ》比多志出でて射るなり、人の胎中に有るは人の渾沌なり、誕生は人の開闢なり、蟇目は混沌なり、射放は開闢なり、蟇目の形は蟇といふ虫の形なり、此の虫冬は土に藏れて見ず聞かず言はず牙を含み混沌になり居るなり。春發動の時地中より飛出る是れ開闢なり、地中の蟇の形に作るは、蟇目は混沌より射放つ天地開闢の意にして造化の運用に象《かた》どる祈禱なり。

蟇目の弓は混沌弓なり長さ七尺、糸を纏ひ赤塗にす、弦は黑塗、日月に象る、矢は鏑矢《かぶらや》鉾先の二本白箆節筈羽は全羽二羽にて作る、眞羽鷹羽鶴羽を用ふ、蟇目は桐木にて作る長さ七寸周り一尺一寸、目鼻柱あり、混沌弓の祭神は、矛は日神、弦は月神、弓は國常立神、矢は風神、蟇目は猿田彦大神なり。

七日齋戒して作り祭る、眞直の一刀、正直の二刀、清根の三刀とす神壇に弓矢を祭り、射坐は桑薦を敷き、棚は幔を張り的《まと》は事に應じて掛く、産屋《うぶや》蟇目を重《おも》とす、棟越の儀あり、鏑を放ち蟇目を垂ては左久良といふ、此は宮廷御産に關する重儀なり。

射手は射坐に著き安坐して氣を鎭め、蟇目を垂れて祈り混沌に入る、蹲居して左右に膝を立て左右の手にて目口耳を覆ひ、未見未聞未言胎中の形成りて心身共に混沌の始め大元の一氣に歸り、神靈清明にして混沌より放つ、引分發は露葉なり、

混沌弓は我が體、矢は我が氣息、蟇目は我が形なり、射は神業なりと觀ず、此の他鳴弦式に同し。

日光の二荒神社にて行ふ二月四日の蟇目神事は有名なり、妖魔退治に起因する記念なりといふ。

# 中巻　禁厭篇

## 総説

### 一、禁厭の本義

禁厭はマジナヒと訓《よ》み、呪禁《まじない》、厭勝《まじない》、蠱等《まじなひ》の文字をも用ふ、マジナヒは蠱《まじ》を行ふ義、大祓に蠱物《まじもの》なせる罪といひ、蠱《まじ》は甲が乙に怨恨を抱き蠱卽ちノロヒを行ふて苦しめる手段をいふ、例へば乙の人形を造り釘を打つが如き類なり、調伏法降伏法はこの進みたるもの、マジナイ、ノロヒ、トコヒ其の主旨は皆同じ、併し禁厭は凶にも吉にも用ひ、呪に咀を加へてノロヒとなれば凶を主とす、蠱物なせる罪は神意に叛《そむ》く罪科の一つであれば、禁厭の本義は蠱を禁じ吉に改め轉向するに在り。

左れば害虫病菌呪咀等一切の災厄に對し、神明の威力を仰ぎそれ等を祓ひ除く方法であるから祈禱の一部に相違なきも、祭儀や祈禱の繁を省きそれを壓縮して簡潔の手段によつて行ふのが禁厭の特徴である。

## 二、禁厭の由來

伊弉諾尊《いざなぎのみこと》が黄泉國に赴き、八雷神に追はれたる時、桃實を投じて之を防ぎ給ふたる如きは一種の禁厭なりといひ、又磐長姫が自己の不緣を憤りて人間の壽命を短からしめんと誓ひしは、呪咀《のろひ》でもあり禁厭でもあるといふ、神代には此の類多くして今日の禁厭の濫觴《おこり》となれるものが少なくない。

神代記に夫《か》の大巳貴命と少彥名命と力を戮《あわ》せ心を一にして天下を經營り、

復た蒼生《あをひとくさ》及畜産《けもの》の爲には其病を療《をさ》むる方を定め、又鳥獸昆虫の災異を攘《はら》はむ爲には其の禁厭《まじない》の法を定む、是を以て百姓今に至るまで咸《こと〴〵》に恩頼《みたまのふゆ》を蒙りぬ、とあり、是れ療病禁厭の故實なり。

神武天皇が熊野山中にて毒氣に觸れて昏睡せられしは、邪靈の呪咀といふべく、神劒の威德にて忽ち寤め賜《さ》ひしは禁厭の義に當れり、又神代にて大地主神が田を營《つく》りし日、田人に牛宍を食はせしを、御歳神が怒りて其の田に蝗を放ちしかば苗の葉忽ち枯しゆへ、地主神は片巫《かたかむなぎ》 肱巫《ひぢかむなぎ》 をして占はせしに御歳神の祟《たた》りと知れ、白猪白馬白雞を獻りて其の怒を解き、いろ〳〵法を授かりて苗を回生せしめたり、此は今も蝗を攘ふ禁厭法として傳はり居れり。

又饒速日《にぎはやひ》命降臨の時、天神《あまつかみ》は十種《くさ》の神寶を授け死人も蘇生《よみがへ》るべき法、又一般療病の禁厭法を示し給へり、これ今日まで行はれ來た禁厭法の起源であり眞髓である、禁厭は兒戯の如く迷信の如き觀あるも、壓搾祈禱として神道行事中頗る重要のものである。

昔は朝廷にても典藥寮に呪禁師の職あり、支那の陰陽道や佛教の呪法を加味し、安倍晴明始め名家輩出して、呪禁並に占卜の道が天下を風靡することが久しかつた。

## 三、禁厭の正邪

禁厭は非科學的であり迷信であるとの非難がある、それは禁厭行者が實際の効果を擧げさへすれば問題にはならぬが、禁厭行者が香具師や手品に類する行動あり人格も亦如何がはしいのが多いからである、そして効果の有無は行者の人格と修練如何によるのであるから、此の點は大に警戒反省すべきである。

禁厭は無形の神力を借り無形の害物を攘ふ神法であるから、此の本質に違背するものは邪法である、従て自己の勝手や工夫や、信神祈念の法に反し單に技巧を弄するのは、よし假りに多少の効果があるとても、それは結局禁厭神事の神聖を汚がすものである、一箇の御守を發行するにしても、その神社や敎會にはそれ〳〵古き傳統があつて外間から彼れ此れいふことも出來ねば、いつて見ても其の實相を捉へ得らるるものではない、左れば禁厭法は一定の傳統を學習相承して、眞の神法たる價値を體得し極めて嚴肅に執行し、決して人見せや營業的に濫用してはならぬ。

禁厭の主眼は治病なれば醫藥に助力するか、或は醫藥の見放したるものに試みるか、次には鳥獸害虫等の災厄を防ぐにある、特殊の痛患や動物に對しては奇蹟的の効果を現はすことがある。

## 四、禁厭の應用

古來より行はれた禁厭法は少なくも三百餘種あつて、人事百般に應用されて居る、その中著名なものを二三擧ぐれば、火災除け、雷除け、荒馬留、狂犬追拂ひ、溺死者窒息者蘇生、長座追拂、臆病轉强、勝負事必勝、腫物齒痛等の治法、盜難水難火傷、難產、猛獸毒蛇等に對するもの、寢小便夜啼即治法、オコリやテンカンの治法、乳の出る法、シビレ即治、血止流行眼病、惡疫除け、疳の虫、疣、瘤、痣、黑子を除く等、効驗著しきもの、科學的醫術的に恰當するものも多い。又靈符とか神符神札等の効果、水天宮の難產の時に呑む御符の如きは紺紙を用ひ快通治痛の科學的な製法に依る等研究に價するもの多し。

勘能の教師が禁厭を別働又は豫備軍として布教感化の上に至大の効績を奏したる實例も澤山あるから、大に練習して其の眞價を發揮し、教化救濟の重要武器たらしむることが肝要である。

## 五、禁厭の効果

禁厭は小數の例外を除いては、其の効果が直接的卽時的でなくてはならぬ、祈禱の如く一定の時間後といふことは許されぬ、又醫藥の如く種々のものを並用調劑する譯にもゆかぬ、恰かも頓服藥の即効や注射の如き成績を示さねばならぬ、例へば齒痛で泣き叫んで居るのが禁厭實施最後の一喝で笑ふやうになり、夜啼が當夜より、止み、腫物の痛みに悶へて居る者が神符の一貼に由て即時に痛みが止まるとか膿が吹き出して忘れた如くなつたり、神呪一喝一晲の氣合で狂犬荒馬猛獸が尾を掉り首を垂るるといふ奇蹟的の威力を直現せねばならぬ。

それは行者が非常の修練と猛烈なる心靈力の發動に俟つべきもので、それと同時に神異力の活現がなくてはならぬ、神力の活現を尤も迅速に、尤も偉大ならしむるには、平常の信神、神明が我が心靈中に隨時往來する神人同化の境地に常住せねばならぬ。

一度手を揚ぐれば永年の性病患者が卽治し、跫者が起り啞者が語る等といふ奇蹟は、宗教上の記錄に澤山あるが、これを一方より見れば荒唐無稽であり、或は針小棒大とも評せらるるが、事實は神人合作の現實的効果である。祈禱にて長時間を經て効果を發するものを壓縮すれば、短時間に効果の現はれることが不思議ではなく、至當であり合理である。

若し禁厭を疑へば祈禱も怪まねばならぬ、遂には神明も宗教も否定せねばならぬことになる。併し宇宙的遍在の大靈と修練せる特定人の心靈力とが競合一體となつて自然に工作せられたものが、祈禱禁厭の成果であり、現實である、現實は否認する譯にはゆかぬ、叉祭典は砲彈戰であり、祈禱は突貫であり、禁厭は一騎打の短刀が脇腹に直入する型である、本敎先進の歌に

とりけもの、はう虫草木、くさぐの、まじものはらふ、禁厭法《まじないのり》

目に見へぬ、世のまじものを、ふきはろう、力ぞ神の、力なりける

くすりのみ、溫泉《いでゆ》に入りて、禁厭の、法《のり》の力は、なほ願ふべし

# 第一章　神感秘要

## 第一節　神感法五則

第一、潔齋、齋戒の事は祈禱篇で述べたが、祭典にも祈禱にも必要なるは固よりであるが、禁厭修行の最初に當りて十五日又は三十日五十日七十日八十一日、尤も長きは千日の齋戒を要す、普通は三十日とす。

第二、神水、天《あめ》の眞名井《まなゐ》の神水を人工的に謹製す、清水一升に酒一合鹽一摑、但し使用の性質に由り加減す、使用は其日限り夜越のものは用ふべからず、神水を二器に分ち一は神具祭器注連繩等を洗ひ、又は振りて淸む、一は自己其の他祭員の洗ひ嗽《すゝ》ぎ用とす。

第三、神言、禁厭には祝詞の如き長文や大祓等を奏讀する餘裕なきを例とす、故に所謂呪卽ち簡明直截なる神言を要す、其の一例

禁厭の神言

奇神《くしのかみ》、手にも指にも言靈《ことだま》も息《いき》にも滿る神の稜威法《いづのり》

呪 アアー オオー

祈念の神言

神習《かみなら》ひ神の心を爲す神業《わざ》、神も諾《うべな》ひ所聞食《きこしめさ》なむ 呪 ア、ウ、ア、ウ、ア、メツチノオヤ、アメツチノヒレ、ア、ウ、ウ、ウ

此の他に鹽、水、大麻、神鈴、拍手、神門、神酒、神饌、神燈、散米、祟除、內淨、外淨等それ〳〵神言と秘呪あり。

第四、調氣、此は前述の氣吹《いぶき》法なり、禁厭修行期間は朝日中夜三回二十

分間宛毎日行ふべし、禁厭實施の際は先づ前述の神水にて手、口を清め、次に三分又は五分間調氣法を行ひ、然る後ち行事に取掛るべし．

第五、雄叫《おさけび》、此に二樣あり、心中に威嚴を備へ無聲にて威壓する劍道の構《かまへ》、次に開轉してエイ又はヤツといふ氣合《きあい》となる、此れに九界切開法あり俗にいふ九字を切ると同じ型なるも、四方四隅中央の九界を切る、東は天、南は火等それ〳〵文句あるもエイのみにて差支へなし、此の雄叫は全身に神氣を滿たしめ、指にも音聲にも靈氣と生氣が迸《とば》しれは、病者は感電奮回猛獸等は壓倒せらる．

以上の五項を日々練磨すれば、神明の感格疑ひなく、事に臨み神力直ちに我に加はる。

## 第二節　灌　水　式

天地宇宙人世萬般の事物は、結局水火の二元に歸結す、水火に關する行事の重要性を帯ぶると倶に極めて愼重を要するはいふまでもなく、殊に我が惟神《かみながら》の道は火産靈《はむすび》神の荒れすさびに事起り、諾尊《いざなぎ》の禊《みそぎ》に瑞祥を現《あら》はし、水に關する神傳頗る多し、本敎にて古來行ひ來たつたものでも、灌水式即ち祭儀上の灌水、入門弟子の灌水、治病灌水、眞名井行事、神物清め行事、神明水行事、神衣法、天狹霧法、水切法等あり、印度の灌頂、支那の禘灌、基督敎の洗禮、嵯峨天皇は弘法大師に神道灌頂を傳へ、大師は天皇に密敎灌頂を奉る等灌水の儀多し。

一、弟子灌水、此は御嶽敎の敎師たらんと志し師を選び入門の際に、師長より其の入門弟子に灌水するもの、いろ〳〵故實あるも形式は隨意なり、これ師弟たる契誓證にして又御嶽敎のため終生身命を委《まだ》ぬる意を含むもの、

二、病者灌水、此は病の性質によつて相異あり、後の狹霧法水切法を參照すべし

三、眞名井の神水、前述の如し

四、神明水、日沒後一時間位にて井戸又は（水道の水は不可）川の水を汲み、清淨の器に入れ、酒二三滴鹽極少量を入れ、屋外の淨地に八足机を置き其の上に載せ、朝日の昇らぬ内に起きて身滌氣吹行事を行ひ、十種の神寶呪を唱へて服用すれば、無病息災增健長命なり。

五、神法衣、新らしき單衣を造り、吉日を撰び眞名井の神水に浸し蔭乾にして干しあげ、それに開眼法即ち十種神寶の祈禱を行ひ、神法衣と銘記して桐又は檜の箱に納め置き、年に一度位大切なる神事の時に着用す、此は一生に一枚限りとす、帶も亦同樣にして神法帶といふ、此の衣帶を着れば

神人合一の境に入るに等《ひと》しとす。

六、狹霧法、神明水に祈念を籠め、それを口に含み充分に心靈の氣を加へ、プーツと吹く霧立《きりたて》の法なり、一つの清祓《きよはらひ》にて熱性病の禁厭に行ふ。

七、水切大事、眞名井の神水にて行者並に水腫《みづばれ》其の他一切の腫物患腎病者等を祓ひ清め、雄叫の氣合にて水氣を切り開くもの。

八、神物清め行事、御守其の他神具祭器の汚れたるを祓ひ清むる法なり、日沒後一時間位して眞名井の神水を製し桶に入れ、屋外の滌所に置き、桶の上に箸位の棒を二本横たへ、其の上に清むべきもの物を載せ、夜明けに至りて取納む、葬儀等に用ひたる衣類その他すべて此の嚴法によりて清むべし。

## 第三節　木綿襷式

木綿襷《ゆふたすき》は普通の木綿糸を組て作りたる襷なり、時には練りたる麻《あさ》又は布をより合せて代用す、糸の組方は四組八組等いろ〳〵ある、太手繦《ふとたすき》は布一筋を以て裝束の袖をしばりかけ神饌の支度をなす時に行ふ實用方なり。

神代記に太玉命《ふとだまのみこと》が弱肩《かた》に太手繦を取かけ、代御手《みてしろ》にして此の神を祭るとあり、又岩戸開きの際鈿女《うずめ》命が蘿葛《ひかげのかづら》を以て手繦と爲しとあり、上賀茂大社の神事に今も猶藤葛を用ふ、此の手繦を佛教の袈裟に同じとするものあり大なる誤りとす。

本教にては古來弟子が新たに入門する時、師長より先づ灌水式を施し、次に木綿襷式を行ひ、新弟子に襷をかけ神前に祈念し誓約せしむ、それは一生を神明教法に捧げ、又師長のために勤勞怠らずといふ意を表現するのである、それが惹《ひい》て病氣治療の祈禱や禁厭等に應用せられ、行者が襷をかけていざ出陣といふ構へにて勇壮の威勢を示し、患者にもかけしむるか又は臥衣の上に置き、それより祈禱や禁厭を行ひ患者の生魂《いくたま》を刺戟し、又邪魔を威壓す。

靈璽調進勸請開眼の際には、闇殿の中にて木綿襷をかけて行ふ、此は極秘の大行事なり。

## 第四節 神異發現

祈禱法や禁厭法を修行して既に十分成就せりとの自信はあるが、さて之を他に實施して果して効果を實現し得るや否やに就て多少疑點が殘されて居るといふやうな場合には、彼の劍法者が死刑囚等を請受けて試《ため》し斬をして見るやうに、實地の試驗が必要である、それには自己の性癖や家族の病患に對して實驗すると倶に、何よりも大切なのは神様に試驗して貰ふことである。

先づ試驗日を撰び定め、早天より身滌氣吹鎭魂を行ひ、神前裝飾修祓獻饌等型の如く了り、かくて試驗を受けんとする禁厭法の課題を一定時間練習し、次に再拜拍手、招神警蹕、次に口頭にて試驗請願の旨を奏上し、それより瞑目三十分、此の三十分間に何等かの異變がある、異變にはいろいろあるが、それは文句には現はし難いが、何等かの方法で成否を感知し得るだけの神託がある、尤も十中一二は異變のない場合もある、その時は更にやり直す他はない。

異變の一例は御幣が震動するとか、或は眼前に大きな花が現はれ、それが俄かに落つるとか、或は蕾《つぼみ》が開くとか、山頂に登りついたとか、谷に顚《ころ》げたとか、又夢でもなく幻《まぼろし》や、うつつでもなく、神異靈怪といふやうな事柄が實現する。ころげたのは駄目の證、上り着いたのは及第、開くは成就、落ち又凋《しほ》むは落第、靜かに長く震ふは吉、短い劇震は凶といふやうに直觀自感するのである。

# 第二章　神符の大事

## 第一節　神符の本源

天照皇大神が御父神伊邪那岐神より賜はりし頸飾玉を、倉棚に安置し御倉棚神として尊重し給ふたのは、記念と倶に報本反始の大義を申《のべ》られたのであるが、やがて神棚や御神符の備始《はじめ》となつた。

皇孫瓊々杵尊の御兄神たる饒速日命（天火明命）が皇孫に先ちて降臨の

際、十種の神寶を授かり其の祈禱禁厭法や神符の秘法を、御子宇麻志麻治命、天香語山命、御孫天日別と傳統し、一方禁廷の秘義、八神殿の起因となり、更に神祇伯たる白河家に傳はり、伯家神道の神秘行事として現に同子爵家に保傳されて居る。

更に一方推古天皇の朝に百濟の王子が來朝して肥後國八代郡白山に神宮寺を始め、支那道教の仙術に基づく鎭宅靈符を發行し、北辰星を靈符神として祭り、聖武天皇天平十二年公式に此の靈符を版行して一般に宣頒した。此の他にも支那傳來の呪符多し。

又佛敎と共に宿曜經による二十八宿星呪法や、眞言秘密の持明仙其の他各種の呪法が行はれ、更に北辰星が妙見菩薩と化し、遂に國常立尊と融合し、神佛仙の三敎一致の星祭や呪符の發達を見るに至つた。

神武天皇東征の際大阪生國魂神社（官幣大社）を創建し國土の精靈を祀られた。之が大なる產土神の元始であり、天上の星辰を地靈化して具體的に人間を支配することに爲し、又國土の總靈たる國常立尊とも一致し、此の神社の神符は人間の壽命運命を守護するものとして崇敬篤く、其の秘法祭儀は禁廷に傳はり後ち白河家に移れり。

又出雲大社傳統の祈禱禁厭神符秘法あり、本教は伯家出雲の兩統を合せ傳ふ。

## 第二節　神符の種別

神符は御符、御守、神札、御守護等といひ、型にもいろ〳〵あるが神社又は教會より一般の氏子や信者に授與するものと、或は祭儀祈禱を依頼せる者に授くる特別のものとある。寺院や兩部神道では靈符呪符等といひ、治病厄除開運防火安産彈除け等を主とし、それに附隨せる靈驗談が多い。

陰陽道にては守札に十二種の功德ありといふ。一に疫病を除く、二に無病長壽、三に國王護持す、四に宿曜厄を除く、五に人疫を除く、六に畜疫を除く、七に頭病を除く、八に鬼魅を除く、九に虎病を除く、十に嬰魅を除く、十一に刼滅を除く、十二に苗稼の災を攘ふ。此の十二大法は日月宿曜天變、家内の怪異、水火大風、盜賊蜂起等七難の時特に修すべく、又新宅移轉の際は必ず修すべしといふ。

神符は神棚や棟木に祀るもの、田圃や路邊に立つるもの、柱や門戶に貼るもの、服用するもの、肌身に着け護身用とするもの等あり、護身守は守袋に納め首にかけ袋は胸又は左肺に當るやうにすべし。

## 第三節　神符の調進法

神符は種類多きも要するに其の主神の威德と、修法調進者の熱誠修練の行力と、拜受者の信念力とが相一致して靈驗を現はすものゆへ、調進の際は齋戒の上、嚴重なる祭儀祈禱を行ひ、淸淨潔齋を第一とし、千度祓ひ萬度祓依神行事を嚴守すべし、千度祓といつても十人にて百度唱ふれば延數千度となる。又病用等急を要するものは、天津神國津神祓へ給へ淸め給へを大祓に代用すべし、依神行事は神氣を符に吹き込むことにて極鄭重に全力を籠むべし、調製終れば神前に奉奠し更に齋祝の儀を行ふものとす。

神符を封ずるは神靈力を封じ込め、神明が所持人や安置の場所家庭を守護し給ふ理義妙契の神秘に依るものにて、年月日時や願主の姓名年齡等を記するは、其の人の心化の靈力と神力とを一致冥合せしめ永久に背離させぬ爲である。從て願主願意が異なるに從ひ、それ〳〵調進法に差異がある。

神符そのものの眞體に、木板、紙、布帛、玉、鏡、劍等を用ふ、紙や布帛にも種別あり、紙は古式の楮製を宜とす。此は符として呑みて危害なし、紺の楮紙は醫學上にても藥功あり、墨の種類濃薄、硯、水に混ずる品物等それ〲秘傳あり、又書く文字點畫墨繼、封じ方封字、寸法、黑印朱印、或は白紙傳等いづれも直授の他なし、神符祭儀は增益消災に則りそれ〲其の方式に據るべし、又急を要する時は前述の神書にて祈念すべし、猶調進日取の吉凶あるも、要は誠實に在り。

## 第四節　神符の奇蹟

御神札が身代《しんだい》になつて斬られ本人は平氣で居つたとか、彈丸が御守に中《あた》つて止まつたとか、御札や御守の神光が刧賊を倒したり逃がしたりしたとか、或は改心させた等といふ靈驗談は一々擧ぐる遑《いとま》がないが、日清日露の役より今度の支那事變に及び、新聞紙上に現はれ本人の自證する神符の奇蹟事件は、實に無量二千餘に及んで居る。

太閤秀吉の祖が竹生嶋明神に祈請し、捽抬捽指の四字守を授かり一生之を崇敬し、それが遂に秀吉に傳はり秀吉は三面大黒天の守像をば棄てたが、此の四字守は終生身を離さなかつたといひ、征韓の際加藤清正は此を分靈して刀身に彫《ほ》り、數回の危機を脱し遂に清正の御守と持《も》てはやされ、後ち徳川家治の小姓新見感之助紀州侯徳川光貞等も其の奇瑞をうけ、日清役には前橋市の北澤友彦が此の神符を所持して七丸を受けしも傷かず、日露役に藤井曹長が帽に挾みて銃劍を免かれ、其の他十三人の實驗者がある、仙道にては呪符の十三効果を述べてある。

一、貴人に思はる。二、衆人敬愛す。三、壽福增長。四、怨敵退散。五、

子孫榮顯。六、田蠶信盛。七、六畜興生。八、精怪掃除。九、妖氣蕩滅。十、得物通用。十一、火災不合。十二、賣買有利。十三、所望成就。

或る刧盗犯人の懺悔談に、一時《あるとき》暗を利用して一商人に斬りつけ財布を奪はんとせしに、肩越しに電光迸り眼眩《くら》み斬る能はず、又追駈けて刀をあぐれば光出づ、依てそれとなく探り聞けば、若者は米屋の番頭にて亡母臨終の際に授けし氏神天滿宮の神符を所持せしと。

# 第三章　十種の神寶

## 第一節　神寶の本質

饒速日命が降臨の際天神は十種の神寶即ち、瀛《おき》津《つ》鏡《かがみ》、邊《へ》津《つ》鏡《かがみ》、八握劍《やつかのつるぎ》、生《いく》

魂《たま》、足玉《たるたま》、返死玉《まかるがへしのたま》、道反玉《みちがへしのたま》、蛇《をろち》の比禮《ひれ》、蜂《はち》の比禮《ひれ》、種々物《くさぐさもの》の比禮を授け、詔《のり》して宣《のたま》はく

もし痛《いた》む處あらば、此の十種《くさ》の寶《たから》を以ちて、一二三四五六七八九十《ひふみよいむなやこと》といひて、布留倍由良由良布留倍《ふるべゆらゆらふるべ》と振《ふ》るべし、かく爲《なさ》ば死《まか》れる人も蘇生《よみがへ》りなむ、と

此れが鎭魂の起源であり、祭儀としては饒速日命の御子宇麻志摩治命が神武天皇の元年十一月宮中にて鎭魂行事を奉仕し、寶祚御聖壽の長久を祈り、やがて宮中八神殿の基因となつたのである。

十種の神寶を科學的に例すれば、瀛津鏡は望遠鏡的、邊津鏡は近眼鏡的、八握劍は一握《ひとつか》三寸として二尺四寸の太刀、四種の玉は精神心理の活動力、そして禁厭に用ふる靈玉、比禮は神代語にては刀劍といふ義、邪氣妖魔を

拂ふもの、例へば虎の牙を持すれば一切の獸類害を爲さずといふが如し、いづれも神具とす、今は經津御靈《ふつのみたま》（寶劍）と倶に布留御靈《ふるのみたま》と稱して、大和官幣大社石上神宮《いそのかみ》に祀れり、

又此の十寶を國體上より解する法、個人の心身に該當する法あり、更に病氣に就て各所の疾患に配當し、腹病には邊津鏡、氣力衰へたるものは生《いく》玉《たま》を以て呪する等の方式あり、石上神宮、物部（宇麻志摩治命の子孫）家等にいろ〳〵古傳の秘法がある。

## 第二節　神寶の靈德

十種の神寶を單に療病の意に解すれば、鏡は照魔即ち病源診斷レントゲン、劍は病根打開黴菌驅除、玉は病症に應じたるそれ〳〵の精神療法等、種々の比禮は治術器であり又藥石である。痛む所といふ各病症、振ふは施

術であり禁厭である。

鏡は神明の形代《かたしろ》、一點の曲庇なく美醜善悪を有のままに照らし、個人に取ては反省自肅の標示、劒は勇氣煥發、自衞外防の典型、玉は圓滿平和保健の師友、種々の比禮は一切の生活規範とす、故に十種の神寳は宇宙の眞相、國家の徵證、生活方針、處世規準、修養積德保身延壽等一切を包含し、更に治病救濟の恩德を兼ねたる人世全般の教訓を具體的に示されたものである。

斯の如き神又の靈德を確認諦信して、祈禱禁厭を行へば、神寳そのものを用ゐぬでも、打ち振る大麻も組む手契も唱ふる一言一句悉く此の靈德が加はりて、神變不思議の作用が發揮するのである。

## 第三節　神言の威力

神言とは前示の一二三四五六七八九十、布留倍由良由良布留倍である。一より十までは數の母であり基である。それより以上百千萬も乃至百千億も悉く此の母數の積集に過ぎぬ故に一より十にて天地宇宙一切の種數を盡し又一切の事物を覆ひ收むるのである。そして其の中に善あり惡あり正あり邪あり、病あり健あり長あり短あり、敵あり味方がある。故に上の布留倍はさー皆來い、善も惡も強い奴も弱いのも敵も味方も懸《かゝ》れ、一々檢査し試驗するぞといふ呼びかけの構へ、由良〳〵は此は良い之はいけぬ。此奴は敵だこれは味方だと一々より分くるのである。下の布留倍は惡を追ひ、病苦を攘ひ正を扶け良を起す狀勢を形容せる心理狀態をいふ。

此の如き天地一切の理義を盡したる權威ある神言を以て邪氣病毒を威壓し、一方には大勇猛心を刺戟煥發せしめて、治病なり其の他心身の鍛鍊を指導するのである。又始めに鎮魂して其の反動としての振魂《ふりだま》といふ意味もあり、十數や鏡は鎮魂、劒や玉比禮は振魂、布留倍は振り動く、由良〳〵は劇動といふ義に解しても宜し。

## 第四節　實施の秘訣

十種の神寶行事を執行するには、多くは病氣に對する禁厭であるが、病質によつて大に考慮すべき要件がある。例へば腦病胃腸病の如きは鏡を用ひ、肺病心臟病等は玉を用ひ、精神病には劒を用ふるとか、又病人の性格を考へそれ〳〵適應の神寶を活用すべきである。神寶は祈禱禁厭の時は病人の前に机即ち假神壇を設け、それに安置し、又榊を立て御嶽大神を勸請し、劒なれば熱田大神香取鹿島の武神、玉なれば何神といふやうにそれぞれ併せて勸請すべし、又病質に依り五臟神の中をも勸請す。

御幣は教師常用の古物を佳とす、鹽水洗米燈明を供へ、眞名井の神水にて病人始め一切を淸む、家宅家族をも淸む、神言は底力ある中音にて幾回となく唱ふ、かくする内に病人に何等かの異變あり、それによつて成否を判斷すべし。

# 第四章　八劒神法

## 第一節　八劒大明神

八劒式の主神を八劒大明神といふ、熱田神宮の神劒を主とし、石上神宮の經津御靈《ふつのみたま》をもいひ、熱田神宮の境內に八劒社あり、千葉縣に八劒神社あり倂しそれは八劒八幡を祀る、八幡宮も亦武神（尤も文武兩道）なり、但し八は神寶中の八握劔の八に象《かたど》ると見るを宜しとす、強て八の數字に拘泥する要なし、八は日本民族の吉數とする所、開き進むの字義あり、一つをも祝《いは》ひて八といふことあり、又大巳貴命の八千矛神にあやかりていふこともある。

八劔式は武神の威德と刀劔の靈力とを資《か》りて劔難の解除を求むるのが本格であるが、一方にはそれを應用して武道上達を願ふもあり、或は身體の勇健强力增進を祈るもある。又他方には劔德によりて病魔妖邪を退散せしむのもある。それ等は史上に澤山の例證がある。病魔を拂ふ爲め枕頭に魔除けの意にて名劔を安置した意趣が段々發展し、後ちには白刄加持等の療病法を誘起するに至つた。從つて病質の如何により主神勸請法、刀劔の安置法、刀劔の種類、持劔禁厭の種別等がある。

## 第二節　劍渡式

古來刄渡《やへはわた》り刄は劍渡《つゐぎ》りといふ神事が行はれ、明晃々たる白刄の上を素足《すあし》で踏んで歩くのである。それを以て神明の威力を認識せしめ行者の修練手腕を證明したのである。一時は曲藝師等がそれを眞似て梯子《はしご》の段木《だんぎ》の代《かわ》りに白刄を逆《さか》に横へその刄の上を踏んで登つて行くのである。此には仕掛けがあるとか、刄白刄は引たり打たりすれば切れるが眞直《まつすぐ》に踏めば怪我はないともいふ。紙を切つて利刄なるを示し足裏を公衆の前にさらして仕掛なきを證する等いろ〳〵の細工を行ふ。

八劍法の劍渡りは、八劍大明神を勸請して一定の法式に依りて祈念を凝らし、更に神秘的禁厭を以て神呪を唱へ、奉書紙を以て白刄を能く拭《ぬぐ》ひ、刄渡る行者の足の裏をも拭ひて渡るのである。此の奉書にて拭ふといふ所に大なる秘訣がある。

此は自分の修行力を試驗するため密に行ふは宜しきも、公衆に對して行ふは不可なり。

## 第三節　白刄加持

白刄はシラハ卽ち拔身なり、加持は佛語にて、加は佛の加被力、持は行者の信持力をいひ、神明の威力と行者の行力と同じにて、加持を行ふといふのは畢竟祈禱禁厭と異《かは》りはない。白刄加持又は眞劍祈禱、或は八劍禁厭《やつるぎまじんい》といふ。主として治病に行ふ。病症の如何に由り或は短刀或は長劍を用ひ、或は刄用することあり、平素は白鞘に納め神床を造りて安置す、實施の際には病家なれば假神壇を設け机の上に用劍を白刄のまま切先を仰向け、刄の方を病人に向けて立て、燈火洗米鹽水等を供へ修祓を行ひ、白刄を靈代として八劔大神を勸請し、祈念の辭を奏上し、行者は白木綿襷をかけ、白刄を右手に執り再拜一揖し、ウムと氣合を掛け、病者の患部を目がけヤッと切り下すか、又突刺かする切先三分で止める劔道の心得を要す。此は猛烈なる程効果著《いちじ》るし、間には患者が爲めに氣絶することあり、それは寧ろ効果のある證と見てよし、精神病神經痛惡癖矯正等に尤も有効なり。

此は型だけにては効なく實際斬る突くの意氣込みを要す、併しそれは不熟練では危險に付、特に修練を努めねばならぬ。三年位山籠りして鍛錬すれば神効がある。

## 第四節　影針紙劔傳

針や釘は鉾槍刀劍を縮少したもので其の價値は同じである。印契でも針印刀印劔印槍印は皆同じ組方を用ひ、刀劍を用ふるに不便なる場合は、必ず針釘を代用するのである。

療病禁厭の中に少彦名命の影針といふ大秘法がある。先づ一般の療病祈禱を行ひ、次に紙人形を造りそれを病者と見做《みな》し、胸病なれば人形の胸に針又は紙にて折たる劒の型の切先を刺し、それを病者の臥具の上に置き神言を唱へて祈念するのである。

又鹿島神傳諸病釘責行事といふがある、此は釘十六本を以て桑の板に畫きたる靈章を責め打つ法にて、いづれも白刄加持と其の主旨は同じである。

次に影針紙劒法といふがある。病人と行者と相對して修祓や招神式を行ひ、祈念辭を奏し、次に白紙一枚を取り右の人指指と中指を合せて伸《のば》し、八握劒靈と空書し、劒先形に折る之を紙劒といふ、此の紙劒に入魂式卽ち八劒神靈を勸請す。次に調氣法にて行者自分の生氣を吹き込む。次に紙劒を別の紙に包み、患者の頭より足まで全身をさすり廻はす型を爲す。次に針を祈念して其の紙劍に氣合をかけて右の針を突刺し、かくて紙劍にも病人にも氣息を吹きかけ、祈念神言を唱へ、紙劍は南に出たる桃木の枝を取りそれに針と共に結び着けて川か海に流し、然る後昇神詞を奏す。

此は惡人を呪咀するに用ふることもある。相手居らざる時は人形を代用す。

# 第五章　修道規範

## 第一節　正法八要

祈禱禁厭の修行が普通三ケ年かかるとすれば、其の内を二ケ月又は三ケ月の日子を割き、參考として左の科目を研究し其の概念を得置く必要がある。

一、生理學衞生學の大要、七日間位
二、病理と診察法の大意、十日位聽問
三、藥學特に草根木皮、前同
四、心理學精神學心靈學、十日又は十五日
五、支那仙道の呪禁法、七日
六、佛敎眞言秘密の呪法、七日
七、歐米の黑彌撒法、五日
八、忍術奇術法等、七日

次に日本に於ける祈禱禁厭の史實、各敎各派の修行法等に關し其の大要を修得すること約一ヶ月、次に専科的に一法宛の修行、一法に付約一ヶ月宛、以上合計一ヶ年と假定し、此の期間は齋戒、別居別火、身滌氣吹鎭魂法を朝日中夜三回猛練習をなす、尤も前の八科目研究には別居別火又は齋戒を緩和するも可なり。

次に修行科目を五種位に定め、一科平均四ヶ月修練し、更に自得得意の科一つ又は二つに付四ヶ月間復習し、總計三年となる。

## 第二節 不斷の精錬

半歳又は二三年にて一應修行を終つたといつても、それで決して滿足すべきでなく、怠慢は藝の行留り、修行は一生涯繼續して不斷に精進せねばならぬ。たとへ實施上神巧の妙を發揮すとしても、猶且つ向上工夫を凝すべきである。

修行終了後の再吟味、複修練を行ふに尤も適切であり又尤も効果的なのは山籠りである。又時折り斷食を試むるを可とす。深山幽谷に於ける孤獨空腹落寞たる生活を體驗し、山靈の淨化をうけ、禽獸と伍件するのは人生最大第一の有意義なる試錬であり、一ヶ月の山籠りは二年の自家修行に優るものがある。肉體的不自由不滿足寂寥と反比例に精神的生活を豐富にし活躍せしめ、神人同化の契機を釀成馴致するのである。

斷食は三週間までは大丈夫であり生理的に非常に効果がある。始め一週間は頗る苦しいが二週間目よりは大に樂になる。但し斷食は一定の順序方式を要す。復食の時亦然り、兎に角、一日でも三日でも時々斷食を行ひ、又胃腸を主とする病患者にもそれを奬勵すべし、行者は斷食に由て治術上の暗示を得ることが少くない。

## 第三節　一切淨化

修行者は日常生活としても、神壇始め家中を隅から隅まで清掃し、特に臺所厠屋は一層入念し塵一つ止めぬやうにし、汚《きた》なくないでも朝夕二回は掃除し、屋外をも箒き水を撒《ま》く、疊等も時々日に乾す、夜具着物座蒲團等は天氣であれば毎日乾す。不用物汚物は適宜の便法にて卽時仕末する。場合によりては焼棄る、食器等は湯にて洗ひ更に清水にて洗ふ。自分の暇さへあれば、何回でも身滌を行ふ。鼻より水を吸ひ込み口より吹き出し、又口から呑んで鼻より出す練習も行ふべし。それが熟達すれば長時間水中に潜み、又水中潜行が出來る。猶進めば水割り法、水滴法等といふ神秘に通達し、火渡り湯立笹湯行事等も樂々と出來る。

日中は固より夜間寒中でも欄間等を開け放ち新氣を流通せしむる。寒ければ體《からだ》には暖かく着てもよいが、空氣は始終流通せしめねばならぬ。肺病の根治法は日中も夜間も空氣を通はすのが第一であり秘訣である。此は現在では東西名醫の一致說である。

### 第四節　自得の證明

猛修行により畢竟自得の域に達したと信ずる場合、それを試驗するに自他の二法がある。第一は神前に可なり大なる蠟燭を立て、屈强の者一二人を招き燈火より一定の距離に火を吹き消さしむるに、如何にしても消へぬ時自分が調氣鎭魂して丹田の精氣を吐出して一息に吹き消し得れば及第、第二には神前に御幣を立て一定の距離より氣合をかくる。常人では何等の反應もないが、行者がやれば御幣が震動する。その震動の强弱によつて及第優等の別がつく、第三に途中で見知らぬ子供が數人遊んで居るのに出遇ひ、子供等が一寸振り向いただけで知らぬ顔をして、前の遊びを續けるやうであれば未熟、若し子供等が遊びを止め停立凝視するやうであれば及第、逃げ出すやうなれば上等、更に子供が嬉々として後よりぞろ〳〵附て來るやうなれば優等。

又狂犬や猛犬等に出遇ひ吠へて飛びかかるやうであれば駄目、尾を捲て逃げるやうなれば有望、若し尾を掉《ふつ》てじやれつく様であれば大成就であり、人格的にも完成に近い。

更に樹上の梨や柿等に向つて氣合をかけ、其の震動の工合にて成否優劣が判じられ、若し落ちるやうなれば超優等。

此の他家人等に對して試みる法等多し、要は自得自信により自から工夫するに在り。

## 第五節　神呪神符の數量

禁厭法に用ふる神呪秘符は、支那仙道即ち陰陽道に屬するもの五百餘種、佛敎主義のもの二百餘、日本固有のもの三十餘種に及び、此等八百種の神呪神符が陰陽道の下に總括せられて、久しく日本の上下に傳播流宣せられて居つたが、其の中には固より兒戲に類するものもあり。又今日では最早非科學として全然價値のないのもあるが、能く精撰實査して見れば尙ほ百餘種は合理的でもあり、又効果的でもあるが、それを分類すれば治病に關するものが尤も多く六十餘種、消災的のもの三十餘種求福幸運に屬するもの二十餘種、神道的のもの數種窒息蘇生等の如き臨時應急的のもの十數種となる。

以上を更に淘汰選擇して三十種以上五十種までの範圍に於て、實施上効果確實なるものとして修行することは穴勝無用の事にはあらざるべしと思ふ。若しそれを通信教授式に文章に記すれば約三百頁を要す。

# 下卷　神占篇

## 總說

### 一、神占の眞髓

人の世に立つや利害得失吉凶禍福の岐路に立て、其の取捨判斷に苦しむことが多い。それは獨り無智愚人ばかりでないのみか、却て名智達識の士に多い場合がある。無智衆愚は其の立場が小さく狹いから、疑惑する事も割合に小さく又簡單であるが、高位置に在る者は其の取扱ふ事件が複雜多岐であつて、如何に智能を搾《しぼ》つても又多人數が精研熟議しても、矢張り決定し難い重大事がある。それは古今東西皆同一であつて、文野にも地理氣候にも古人今人賢愚老若男女悉く其の揆を一にして居る。

取捨判斷に惑ひ苦しむ時どうするか。エ、ままよと足の向つた方に進むものもあるが、人情の常として多くのものは卜占に趨ることになる。そこに卜占の必需性と重要がある。日清開戰の際に明智の相將すら高島翁の易斷に耳を傾けたといふ祕話すらある。併し卜占が必ずしも萬能ではない。それは占者の修練人格にもよるが、時折り錯誤なしとは保障されぬと同時に、當るも八卦當らぬも八卦といふが如き嘲笑は認識不足である。當るのが本筋で當らぬのは何等かの缺陷あるのである。

兎に角卜占の使命は現實の上に承認されて居る。即ち當人の力にて如何とも決し難い事柄に對して左せよ右せよ取《ヤ》れ捨《やめ》れよとする判決が第一である。そしてそれに次《つい》で吉を守りて失ふ勿れ更に吉を進めて怠る勿れ、凶を改め吉に轉ずる工夫をなせと指導と教訓を與ふべきものである。判決と指導それが卜占の使命であり本領であり眞髓である。

占《せん》も卜《ぼく》もウラナイと訓《よ》む。卜相《うらあい》、卜合《うらあい》、卜占《うらない》等といふ。ウラは心なり。心の安きをウラヤス、心の樂しきをウラタノシといふ。ウラカナシ、ウラサビシ、ウラサビ、ウラブレ等推して知るべし、又ナヒはノアヒの約言、ウラノアヒ卽ち卜相卜相に當る。吾心と神心と相合ふ、又吾心を神の心に合《あわ》せ奉《まつ》る義なり。

卜に又ウラは裏《うら》にて心の裏を神意に合せ問ひ見る意もあり、平田翁は神の御意を卜ひ奉るを卜事《うらごと》といふと解せり、いづれにしても神を中心とし神に判斷を乞ふ方式ゆへ神占といふのである。

## 二、諸占の由來

日本固有の占卜を太占《ふとまに》といふ、諾冉兩尊が蛭兒を生み給ひし時天神の占《うらな》はせ給ひしに始まり、天岩戸開きの際にも之を行ひ、爾來歴朝事ある毎に此の行事を用ひ給へり。

龜卜は支那禹王の時靈龜が洛水に現はれ、其の脊に文あるを見て九疇《ちう》を作り、吉凶を占ふことにした。日本に傳はり太占と併用されしが、周易の盛んなるに從ひ漸次廢《すた》れたり。

周易は五千餘年前支那の伏羲王の時、龍馬が圖を負ふて河より出で、王は其の圖を基礎として天象を察し人事を稽《かんが》へて八卦《け》を造り、後ち周の文王周公が更に之を補修し、孔子がそれを敷衍《ぎえん》解釋して完成し、日本では中古朝廷に陰陽寮《おんやうりよ》を設け、太占龜卜易占呪禁等の行事を司どらしめ、卜部《うらべ》（凶部）なる世襲氏族が生ずるに至つた。

此の他俗間に現在尤も流行する九星術五行干支術陶宮術等あり、いづれも天體地運に據り八卦に象《かた》どり、數理的に性相吉凶運勢等を占ひ轉禍得福の法を說く、更に又佛敎流の二十八宿占あり、又轉じ人相家相の占法を發生し、更に特殊の卜占としては琴占弓占玉占水占等七十餘種に及ぶ。且又神佛を戴く御籤《みくじ》占あり、それ等多くの占卜の中には迷信のものもあり兒戲的のものもあり、占者そのものも亦純營業的やインチキも少なくないが、一方より見れば人世が如何に卜占を要求して居るかを立證するものといへやう。

## 三、卜占の種別

太占は眞純なる神意奉伺のもの即ち神明を中心とする神占である。易占龜卜も亦神明の感通を旨とする神秘的部分もあれど、主として數理を中心とし天文地象に據《よ》るものである。數理占法又は觀象法といふ。九星術や二十八宿占は純然たる天文即ち星占である。尤も九星には干支術や易の數理が加味應用されてゐるのは云ふまでもない。

次に天源幹枝（干支）術とか四柱推命法とか淘宮術といふのは五行十干十二支を中心とし、それに天運數理八の性質を加へて占斷するものである。又人相家相の占法は天文地象干支五行數理骨相等を打混したるものにて觀相術といふ。

御籤占は特殊のものにて豫め吉凶文句を調製し置き、それを籤の番號と合《あは》せて見るだけにて簡明であり、現に寺社教會で盛んに行はれて居る。昔は神籤を乞ふ神事を行ひ、祭神として產土大神天御中主神天兒屋根命（天太詔戸神）天櫛眞智神を奉祀したのである。

## 四、各占の特質

太占は鹿の肩骨を焚きそれに現はれたる型象によりて、吉凶取捨を判斷するもの、龜卜は龜の甲を焚くもので共に容易に行ひ難いから、國家の重大事でもなければ用ひられぬ。そこでそれがいろ〳〵變態して弓占、琴占、玉占等の如きいづれも神意を伺ふ方法を主として神託を乞ふに至つた。

人事の表裏を詳らかにし轉變運化の理數を示し、窮通自在の義を明らかにするのは易占が上乘である。此は處世術として人生の教訓として肝要のものである。占者に學識修練人格あれば宗教的教化に等しい効果を見るであらう。

干支淘宮術は人の性質を鑑知するに適切であり、又その性癖を矯正せしむるに効果がある。九星術も亦同巧異曲である。

人相家相の觀法には舊式なる點もあるが、心理生理上より肯定すべきものが少なくない。又家相宅相には地理氣象衛生上至當と認むべきものが多い。此等は一層向上進歩せしむべきである。

## 五、神占の効力

神代以還歷朝大事ある毎に必ず神占を行はせられ、其の効驗の歷然たるは史實の明徵する所である。至誠神通、神明は大事變の祈念に對して必ず神託神助を降し給ふことは諦信して疑ふ餘地なし。

孔子は易を讀み章編《いへん》（皮のとぢ緒）三度斷つまで精研せられ、そして吾れ若《わか》うして易を讀まば過少なかりしにと歎息せられ、孔子すら易理の玄妙と易占の人生に重要なるを自覺し推稱せられて居る。當る八卦が本格、當らぬのは占者の未熟不誠ゆへである。

占者又は相者は神明の代理であり靈代である。從つて信神と共にそれだけの修練と神通がなくてはならぬ。我利慾念あれば如何なる大家でも決して的中せぬ。筮竹を揲するにも至誠信神を以て竹上に神明が降臨して神揲するのでなければ駄目である。人相を觀るにも虚心靈通明鏡萬象を直映する如くであれば、百發百中疑ひなし。

占卜に依て勝利を得しもの、禍害を免かれしもの、福德を確かめしもの、豫言の的中せしもの等明治維新以後現存の人物に就て調査し、確實掛價なしと見らるる大きな事件だけにても三百餘あり、此は否定すべからざる現實である。本教先進の歌に

二柱、御親《みおや》の神も、ふとまにに、卜《うら》べてのちぞ、

みちはしりける
よしあしと、うらへざりせば、なにごとも、賢き人の、
えやはしらるる
あやまたず、あへばぞことは、しられける、神の心に、
おのがこころの

# 第一章　太占神傳

## 第一節　太占の傳說

伊邪那岐神伊邪那美神、天神の命を承け左右に分れて國廻りをなし給ひ、廻り會ひたる時女神先づアナウレシと曰給ふ。それより國造りなせしに蛭

兒等不具なりしかば、天神に如何なる故ぞと問ひまつる。天神乃《すなは》ち太占《ふとまに》によつて天地萬有の本體たる無形の神にうら問ひ給ふに、女神先きに言ひしによると、依て二神は更《あらた》め廻り遂に大八洲並に多くの神々を產み給へり。太占《ふとまひ》のフトは美稱、マニはマニマニの約にて神意のまに〳〵といふ義、神意をうら問ひ神意に隨ふを云ふ。岩戶開きの時太占の示す所に隨ひ種々の神業を行ひ、遂に日神の出御を仰ぐに至り、此の時天兒屋根命が太占の行事と祝詞《のりと》奏上の祭儀を司《つかさ》どつたから、命《みこと》を以て神事を主《つかさ》どる宗源とし、太占の卜事を以て仕奉らしむ。中臣《なかとみ》即ち藤原氏の祖として春日神社に奉祀せらる。中臣は神と君との中執臣《なかもちおみ》ナカトリオミといふ義である。

崇神天皇の朝悪疫流行せし時、七年春二月　天皇淺茅《あさぢ》原に幸し給ひ八十萬神を會《つど》へて卜問ひ給ひしことあり。垂仁天皇二十五年三月倭姬《やはと》命をして天照皇大神に奉仕せしめ、遂に伊勢に鎭め奉りしは、卜相と神託によつたのである。神功皇后の卜相神憑は前に述べたが、允恭天皇二十四年夏六月御膳の羹汁凝りたるを怪み卜問せしに、木梨輕皇子の不倫現はれ、天武天皇朱鳥元年六月御病を卜ひ、草薙《くさなぎ》劒の祟なりとて熱田神宮に還《くわん》納せしに、御惱忽ち平治し給へり。此の他國家皇室に關する大事に當り卜問を以て善處せしことは、史上幾多の正記あり。

朝廷にては夙《はや》く神祇官に卜部を置き其の職に奉仕せしめ、後ち陰陽寮の設置あり、現代にてもなほ宮中の御儀に卜定の古式を用ひさせ給ふ、又昔は官僚の役員間に甲乙是非爭の論ある場合は、特に官卜を行ひて決せり。官國幣社其の他有名の神社は大抵神占によりて創立せられ、其の各々特異の禮典も亦多くは神占の指示に依れり。

## 第二節　太占と卜庭祭

太占は大兆《ふとまひ》とも記し岩戸開きの時鹿の肩骨をはばかの木（櫻）にて焼き其の焼けたる火折《くわたく》を見て卜なへり、其の火折を兆と名づく、後世に至り占事を行ふ時は、先づ卜庭《うらには》を設け卜庭神即ち占部神を祀る。太詔戸命櫛眞智命を卜筮の祖神とす。延喜式四時祭にも此の二神の奉祭を記し、朝廷では御卜《おうら》始め御卜終《おさ》めの日に此神を祭り、齋宮《いつきみや》では毎月晦日に奉《まつ》祭る。

占行者は七日間齋戒して、卜庭神に祝詞を奏上し、豫め長さ五寸位の箸の太《ふと》さに作り置けるはゝかの木一本をとりて燃へ赫《たけ》りたる火の中に差入れ、燃へつきたるを吹消し、鹿骨の裡より差し其の焼たる火折を見て判斷す。卜事終れば送神す。中臣家の一族が常に此の卜事を司どり卜部又は占部となり、惟一神道の吉田家も其の同族である。

鹿は靈獸にして能く天氣に通ず、其の全身に星紋あり角は日月に象どり陰陽の形あり年々生《は》へ代る瑞祥もあり、一身に三光（日月星）を備へ、神事には常に鹿を喩《たと》へにあげ祝詞にも掉鹿《さほじか》の耳ふり立て等といふ。

## 第三節　太占と諸占

陰陽頭に安倍晴明が出で筮と天文の方が盛んになり、其の手腕が古今獨歩なりしゆへ太占や龜卜は大に壓倒せられ、又鹿や龜を用ふる大儀は容易ならざるため次第に衰退せしが、我國固有の占卜は神明奉仕者の專主するものとせられ、神事奉仕者は卜相に通ぜざれば其の任に適せずとする慣例あり、神事と卜相と二別なく如何なる占卜も神占であつたから、太占方式は廢《すた》れても卜庭神の奉齋と神託を請ふの意は更に變らない。尤も卜庭神が弓占には武神とせらるるが如きあり、此は鳴弦式と同義といふべく、琴占は神憑式、玉占は祝詞を奏上し神前に供へある玉を箱に投げ入れ、其の音と轉《ころが》り方によつて判斷し、水占は眞名井の清水を神前に供へ、其の水に神物即ち占者の尤も大切なる品物の中にて水に泛ぶ小さな物、或は依頼者の物、又は品なければ榊の葉に神呪を書したる物を泛べ、其の動き方と方角によつて判斷す、此他神籤は云ふまでもなくいづれも神明に祈念し、神託神意を仰ぐといふ點は更に異なることなく、齊しく神占たるを妨げぬのである。

# 第二章　龜卜と星占

## 第一節　龜卜の由來作法

支那の上古聖帝舜の後を承《う》たる夏《か》の禹王が九年の大洪水を治《おさ》めた時、洛水（黄河の上流）にて神龜を得、其の龜の甲に一より九に至る數が並び、五が中に居り九が首の方一が足の方に右に三左に七兩肩に二と四兩足に六と八が在つた。そこで禹は南前北後西右東左の理を案じ、天象を觀地理を察して九疇を作り、それに依て天變地異吉凶得失、先天後天の運命を判斷する法を立てた。それが即ち龜卜である。久しく王侯名士の間に行はれたが易占が盛んになるに從ひ、占法の不便なるため漸く衰退した。

日本では神功皇后の御代に天兒屋根命の十二世（又は十四世）の孫大雷《おほいかづちの》臣命《おみのみこと》が勅を奉じて百濟《くだら》國に渡り龜卜の法を傳へ歸り對馬に止まつた。後ち神祇官に占部を置き其の役員二十名中伊豆と壹岐より各々五名對馬より十人の卜事に長じた名手を選任し、奈良朝より平安朝の始は占部の中で龜卜

が尤も盛んであつた、

龜卜の方式は鹿肩を燒くと同じで大寳令義解にも、龜を灼て縱横の文字を兆としてトふとあり、龜は四靈の一に數へ神龜と稱せられ性魯鈍なるも齡萬年を保つとて祝はれ、甲は貨幣に用ひしこともある。又藏六とて危険を感ずれば四肢首尾を甲中に收む。これ保身に適ふものにて、安靜長壽保身堅甲いづれも人のあやかるべきものとせらる。

## 第二節　九疇と九星

星占卽ち九星術は黃帝の遁甲經より出で、五黃星を中央とし他の八星を遁甲の八門に象どり以て吉凶を判ず。卽ち一白は水にて北方休門、二黑土坤位死門、三碧木東傷門、四綠木巽位杜門、五黃土中宮配門なし、六白金乾位開門、七赤金西驚門、八白土艮位生門。九紫火南景門に當て、八門中の休生景開を吉とし他を凶とす。

此の九星は畢竟ずるに龜卜の九疇を星にしたるものにて其の理義は更に異なるなし、但し遁甲九星先にして龜卜後なりともいへる。又易の三より萬象發生の理を加へ上元中元下元の三元九星あり、五行の相生相剋を以て吉凶を判ず、又三元の中の一元間を六十年とし甲子に始まる。日本は最近の甲子は元治元年にして上元に入り大正十三年の甲子にて中元に入り目下中元十七年目（昭和十五年）なり、月日時にも三元あり、更に毎年月日時に九星の配當あり、干支五行を應用するを常とす。

九星判斷は其人の本命星即ち一白か五黄か九紫か等を知り　又月と日の本命を知り、それを五行に配比して吉凶を判じ、更に干支五行と相交錯して六十納音を生ず、それ等は年々發行の九星暦や萬年暦等に由て知るべし。

本命星を剋する星の所在に殺氣死氣本命的殺暗劍殺等のことあり、又生氣の方天德等相生の方位あり。それ等を旅行婚禮普請土取や移轉事始作業等の吉凶に應用す。要するに天體星辰の運行を人事に配合應用するのである。

## 第三節　星格と人格

九星にはそれ〳〵其の星の性格がある。例へば一白星は五行では水性にて、易では坎に當り北方に居る。從て易の坎爲水の卦を吟味すれば一白の性格が判《わか》る。水は常形なく容器の方圓に從ひ、灌漑長養の功あるも汎濫覆沒の害がある。此が一白本命の人に自然に影響し禀賦され、そこに星格と人格の類似を見る。依てそれを基調として職業の當否如何なる性癖や病氣を有するか。又何星の人と結婚又は共同事業を爲せばよいか、初年中年晩年の運氣如何等が判定されるのである。

尤も同じ一白でも子の年生れの一白と卯の年、午、酉等の生れは又同中に異あり多少の特異性を有することになる。更に十干の方から見たもの、又それに加交したる納音《なうをん》の如何によつて、相互の相生相剋の變動を生ずるのである。例へば一白の人は六白七赤の金星の人と金生水の理によりて相生であり、又その年月日時に遇ふを吉とし、金屬關係の營業を適職とするも、婚姻では男一白の人は三碧四緑の女を大吉とし、納音では水性の男は木性の女を大吉とする等、九星だけで獨斷されぬ行懸がある。左れば結局は九星干支五行相依り相俟て統制的判斷を下す他はない。

日本では昔天之御中主神を北辰星に擬し星祭主神の第一席に祀り、宮中にても一月元旦に星を拜し給へる例あり。清和天皇貞観六年に弓削氏の書いたのに七夕祭、七曜祭、六曜祭、七十二星祭、老人星祭、太白星祭、斗辰星祭、九星祭、二十八星祭等が見へ、又土金祭地神祭には神代の神々を天の五行神地の五行神に配して祭り、更に星占の祈念をすることもあつた。且つ洛書九疇龜卜の事は宮中傳、對馬卜部家傳、宇佐鹿島兩神宮の神傳が現存して居る。

# 第三章　筮卜と數理

## 第一節　易理の玄妙

易學や九星干支法を詳説すれば千頁でも足らぬが、それ等の書册は澤山あるから今は要綱だけ述べる。

數千年前の太古に支那の明主伏羲が、黃河より龍馬が圖を負て出たのを見ると、其の圖は一と六が下に居り二と七が上位に三と八が左四と九が右五と十が中に畫せられてあつた。伏羲は之に依て仰で天象を觀、伏して地法を察し、鳥獸の文と地の宜《ぎ》を考へ、近くは諸《これ》を身に取り遠くは諸を物に托し、以て八卦を作り神明の德に通じ萬物の情を明らかにした之を先天の八卦といふ。

一が乾☰、二が坤☷、三が震☳、四が巽☴、五が坎☵、六が離☲、七が艮☶、八が兌☱、伏羲の發明は以上の如き外形的のもので、又此等の漢字もなかつたが、後に周の文王が斯道の衰退を慨き世道人心振作の爲に、之に文句を附し吉凶禍福を判斷して民衆に惡を避け善に就かしむる規範とした。之が繫辭である。文王の子周公は更に之を補ひ爻辭を加へた。此の文王周公のを後天の八卦といふ。かくて其の五百年後孔子は易を精研し註釋を施し易理を發揮した。それが篆傳上下、象傳上下、繋辭傳上下、文言、說卦、序卦、雜卦の十翼である。又先天後天統一の易と稱せられ、伏羲文王周公孔子を易の四聖といふ。

易は理數を基本とし萬有の生成變化を明らかにせる純正の宇宙哲學であり、それより演繹して國家社會政治經濟處世人事各般の現實生活を指導する人生哲學、政治哲學、道義哲學、處世哲學と爲し、更に天文地文產業等の所說をも加へ、特に乾燥無味なる理論のみを以て足れとせず、此等の原理を社會人世の實生活に活用すべく具體的方法條件を具足せしめて、一切を指導する峻嚴なる道德教科書修養規範として完成されてある。

更に又易は教訓に止まるものでなく複雜多岐なる人生の惑疑苦患に對し

是非得失の取捨、吉凶禍福に就き直截なる左せよ、右せよ此は是彼は非と懇切に而《しか》も嚴乎として指示命令する權威ある方式條項が備へられてある。即ち易は原理と教訓と實踐との三方面を兼備し、人間の努力如何によりて吉凶轉換を可能ならしむる羅盤針としての至大なる權威を有するものである。

## 第二節　太極と卦爻

天體より四時の運行循環、宇宙萬有の生成變化を以て人事に例すれば、父母未だ交らざるは無極である。既に交れば太極と化し赤白陰陽の二元二氣發動し、乾坤合して胎を爲し遂に天地人（父母子）の三才《さい》と爲る。又一方より云へば二儀四象八卦となる。八は變化の大數、四方四隅、男女を幼少壯老に分てば八と爲り、四時を早暮に分けて八季と爲り更に六十四節となり。三百六十五日を算す、人の一生に八變化あり細別すれば六十四變三百八十四轉を見る。此の變化は一日中にも一月中にも一年中にも一代中にも循環し、又國家社會の上にも各種の事業上にも存在す、更に又國際的にも氣候的にも其の他一切萬有の免かるることの出來ない理數であり變化である。

陰陽二氣（二元）が四象となり八卦と化し、八卦に八卦を重ね交錯自乘すれば六十四卦と爲り、一卦に六爻ありて三百八十四爻となる。天地萬有は悉く此の數に支配せられて轉輾變化し生々活動して居る。そしてこれ以上の變化や活動の樣式は想像もされねば、亦有り得べからざるのである。

易はカワルである。理數と秩序に順ひて交代する意にて、凶を轉じ吉となすも亦理數による交代である。又易は日月の二字を合せたもので日は太陽月は太陰卽ち日月の出沒盈虚の理數陰陽消長分合の義を表し、變化の起る所以と其の變化の中に自から理數軌道のあることを示して居る。吉凶は此の理數に順逆するのであるから逆行を順轉すれば凶が吉になる。

八卦には各卦それ〳〵の性格理義が備はつて居る。例へば乾は天なり陽なり父なり剛なり。坤は地なり陰なり母なり柔なり等の如し。而して此の乾坤を重ねて乾を上に坤を下に置けば六十四卦の一卦たる天地否となり、逆に重ぬれば地天泰となり、天地否にも地天泰にもそれ〳〵其の卦の有する性格理義がある。又六十四卦の各卦にはそれ〳〵一爻（初爻）より六爻までであり、各爻共各自の性格理義を有して居るから總て三百八十四の理となり變化となる。左れば之を分りよく例すれば八卦の理性は根本を表現し總括的で人間一代の運勢を示すもの、六十四卦の各卦は年々の運勢に該當し、又三百八十四爻は日々の動作吉凶に匹敵するものと見るべく、總括大別細分、八、六四、三八四を縱横無盡に交叉すれば如何なる事柄如何なる場合にも適應せぬことはない。

又八卦を事象人物に配すれば、乾は天と父、兌は澤と少女、震は雷と長男、巽は風と長女、坎は水と中男、離は火と中女、艮は山と少男、坤は地と母に該當するから、前に示した一より八の順位は資格と位置の順序に由り、又筮する時は卦爻の性質によつて乾を一本、二本を兌、三を離、四を震、五を巽、六を坎、七を艮、八本を坤とす。

爻に陰陽あり陽爻は一線（⚊）の奇數にて現はし、陰爻は⚋の偶數を用ふ☰は純陽の乾（父）☷は純陰の坤（母）その他は互に交錯として六卦の長中少の三男三女となる。

## 第三節 筮法

易を觀ずるの法は鄭重にすれば神明を奉齋して祈念式を行ふべきであるが、普通は簡單に潔齋して筮竹五十本を兩手にて一握に持ち、今何某の爲に筮して疑念を決し災禍を免れしめんとす仰ぎ願くば吉凶悔吝を明らかに告げ給へと默念し、それより筮竹を一本除きて用ひず之を太極とす、殘り四十九本を無我無心にて二つに分く之を揲筮といふ。此の筮竹を兩分する一刹那が神感の有無、當る當らぬの岐れ目である。

偖て二分したる右の手に在る方を机上に置き其の中一本を取りて左手小指の間に挾む之を掛扐《けろく》といふ。かくて左に持ちたる筮竹を右手にて二本づつ四度かぞへて除く即ち八拂ひにして殘る數を以て卦を立つ、尤も掛扐の一本も加ふ。筮竹一本殘れば乾、二本兌三本離四本震五本巽六本坎七本艮八本坤とす。是にて下卦（内卦）が立つ、次に前と同じ法にて上卦（外卦）を立て此《こゝ》に上下二卦を組合せて一卦の名を成す。卽ち八卦の各々が二つ重りて六十四卦の内の一卦を得るのである。例へば下卦が坤で上卦が乾となれば合せて天地否の卦となるが如し。

又變爻の法は前の八拂ひを六爻なる故二本づつ三度六拂ひにして、一本殘れば一爻（初爻）二本は二爻三本は三爻四本四爻五本五爻六本の滿數なれば最上位に在る六爻（上爻）變とす。

例すれば下卦の竹筮七本殘れば艮となり上卦二本なれば兌いづれも掛切を加ふ。艮を下に兌を上に重ぬれば䷞の澤山咸、澤は兌山は艮、これを變卦に對し本卦といふ。又變爻法により三本殘れば三爻變にて、澤山咸の下より三爻目の陽爻が陰爻に變じて　澤地萃の卦となる。之を之卦《かくけ》又は變卦《へんか》といふ。

本卦は現在を表し變卦は前途を知るため故に兩者を綜合し、前後周圍の事態を觀察し統制ある活斷を爲すべきものとす。

又變爻を得たる時は其の爻辭により判斷す。澤山咸の本卦は大運命を示し、其の三爻變は三爻の理義に順じて目前當面の一時的利害吉凶を判知するものとす。

又易占を行ふに筮竹を用ひず種々簡便の方を用ふ、邵康節の梅花心易の如き占時の年月日時を合算して數を起し、或は手近に在る物の數、依賴者の言語人柄服色持物等にて卦を立つ、例へば黃色は坤、鏡は乾、茶碗は坤、木椀は震、笛は震、老爺は乾、老婆は坤、少女は兌、水は坎、火は離、氷は乾とするが如し、又自己を占ふに生年月日時、見聞せる事物によりて卦を起し、風の方位鳥の色啼聲鼓其の他の音聲槌剪等の性質形狀等手に觸れ目に見る所悉く筮竹代用の立卦に利用せらるるのである。

又算數占とて占ふ時の年月日の十二支の數を合せ八拂にして（八以下なれば其儘用ふ）上卦を作り、次に前の數に時刻を加へて下卦を造る。變卦は下卦の數を六拂ひにして見る。尤も此は自分占であるが他人の時は上下共依賴者の年齡を加へて計算す。

更に互卦を造る法あり、本卦の初爻五爻六爻を見ずして單に二三四の三爻を以て下卦とし、又下二爻と上一爻を去り三四五の三爻を上卦として一卦とするを互卦といふ。占筮には十八變法あり略して中筮六變、略筮三變とし種々の筮法あり、筮竹の五十本は大衍の數であり、兩分は兩儀、掛扐を加ふるは天地人の三才に象どるのである。

# 第四章　幹枝占法

## 第一節　天源と干支

天源は單獨に天源術といふのと天源幹枝術といふのと又天源淘宮術といふのとある。更に四柱推命術といふもあるが孰れも十干十二支に繋連したものである。易學にも天原又は天源といふ語を用ふるがそれは干支からではなく、天人の理を窮め造化の源を探るといふ義にて天原發微等といふ名著がある。

### 一、天源術

獨立の天源術といふのは佛敎の宿曜占察經から出たのだが、此經は佛說といふも實は支那製で支那傳說の天文學が中心である。即ち七曜十二宮二十八宿の三つが相互の關連運行に依り、天地間の萬物に種々の變化が起り年の豊凶天災地殃治亂より人事の吉凶禍福を惹起する次第を說けるものにて、人間もそれに支配せられ生年月日に當る星や宮の性格と相應したる運命吉凶を宿命的に享有すといふのである。

此の法は弘法安倍晴明日蓮が盛んに唱へ、天海は此を敷衍《ふえん》して三十六禽星法を案內し、十二宮を十二支に配當し宮の運勢と支の性格を並用し、十二ケ月の各月に出生せる人の性格吉凶運命を示してある。即ち

一月寅魚宮星、易の地天泰、此月に生るる人は貴勝忠直教育家に適すといふ如し。以下

二月卯羊宮星、三月辰牛宮星、四月巳男女宮星、五月午蟹宮星、六月未

獅子宮、七月申双女宮、八月酉秤宮、九月戌蝎宮、十月亥弓宮、十一月子摩蝎宮、十二月丑寶瓶宮。

又七曜星は日曜、辰星（水曜）太白（金曜）熒惑（火曜）歳星（木曜）鎮星（土曜）月曜、二十八宿星は角、亢、氐、房、心、尾、箕、斗、牛、女、虚、危、壁、奎、婁、男、昂、畢、觜、參、井、鬼、柳、星、張、翼、軫にして、此等の曜宮宿を年月日時に配して吉凶を判ず、之を宿曜占察又は二十八宿占といふ。

## 二、五行の性格

五行とは木火土金水である。宇宙の萬物は形態こそ千差萬物であるが、其の實體は結局五行に歸結す。元來宇宙の最初は易の太極の如く混沌狀態であつたが、多くの時間を經る中に種々の事情や機緣に觸れて淸濁と分れ清は上り天と爲り濁は凝て地と爲り、此の混沌の間から寒暑燥濕風の五氣が現はれ、五氣が五行として形を生じ其の中に各々陰陽の性を備へ、動植鑛いづれも此の陰陽の性と五氣五行を備へて居らぬものはない。唯だ其の配合に厚薄完不完があるため高下が分れ、非情有情人畜の別が生じ、又陰陽五氣五行の相生と相剋によつて吉凶禍福の運勢を發生するに至るのである。

五行にはそれ〳〵固有の資質がある。五行の順行を相生といひ良好の現象を呈し、逆行を相剋といひ不祥の兆とす。卽ち木が燒て火と爲り火が灰と爲り土と爲る。土は精凝して金と爲り、金より水を生じ、水より木を生ず、此が順行相生である。其の順に違へば相剋となる。又五行の性格を概示すれば、木は東、春、性は朴々、自然に隆長す。火は南、夏、繁盛の象、陽中陰を含み外明内暗、水と同じく正しき形態を認め難し、土は中央にして西南を兼ね、四季の中土用四回、土氣と火氣と倶に崇殺の烈《はげ》しき性を帯ぶ、金は西、秋、性は堅くして清く、殺を求む故に金神といふ、金氣激すれば大凶、水は北、冬、性柔にて平靜、西の高所より東の低所に向ふを常習とす。

## 三、十干の性格

五行に陰の五行と陽の五行がある此の陰陽五行即ち十数から十干が割出されて居る。卽ち甲（木《き》の兄《え》陽木）乙（木《き》の弟《と》、陰木）丙（火の兄、陽火）丁（火の弟、陰火）戊（土の兄、陽土）巳（土の弟、陰土）庚（金《か》の兄《え》、陽金）辛（金の弟、陰金）壬（水の兄、陽水）癸（水の弟、陰水）である。

十干の干は幹である。天を表し日を表し、又四季の形に譬へられ、十二支の支は枝にて地を象どり月を表す。十干十二支は天體に象どり方位を定め數の計算に用ひたものであつたが、それが次第に運勢吉凶の占法と爲り又それを判斷する資料規格となつたのである。十干の性格は

甲、陽木、剛直、創業的、草木の甲を破り發生する象、陰尚ほ内存す、逆上性、十二支の寅に當る、乙、陰木溫順忍耐因循姑息不平胃病等卯、丙、陽火繁昌奢侈色慾樂天熱腦病午、丁、陰火圓滿保守虛榮上品無病巳、戊、陽土盛大活潑大業失敗病風肝病辰、巳、陰土休養變化溫和義信腦胃神經眼病等未丑戌、庚、陽金革新殺伐充實失策性慾腦病僂麻質斯眼病等申、辛、陰金堅實狹量收歛愚痴尊大疝氣胃病女は子宮病酉、壬、陽水獨立進取忍耐大度痔疾肝胃病子、癸、陰水智慮實力勇氣短氣胃病性病等亥

十干の性は先天的傾向強く變化困難なり。併し生年月日に同干が重なれ

ば變化す、十二支は後天的にして總て十干と相反的なり。

## 四、十二支の性格

十二支は子丑寅卯辰巳午未申酉戌亥である。初は寅を演と書き動物の虎のことではなく、辰を賑と書いたが社會普及のため遂に通俗的に動物に當《あて》嵌《は》め文字を改めたのである。併しそれも決して無意義ではなく演賑等即ち虎龍に當る年月日は矢張り虎龍の如く、暴風大雨爭動等あり幾百年實驗の蓄積上から似寄の動物を配當して、それを年月日時に割當て又方位方向にも應用したのである。此の十二支の氣を受けた者卽ち寅年生れは大抵荒々しき氣象をもち、丑年生れは平靜なるも內勇あり道を行くにも牛の如く片端を好む習性がある。勿論百人が百人とはゆかぬが八分方的中して居る。同じ丑年生れでも十月生は全丑の性氣を禀《う》け、三月生れは七ケ月分は前年子年の氣格を混じて居る。判斷には此の點を大に參酌せねばならぬ。

そこに生年月日よりは入胎の年月日が肝要といふ淘宮術推命術が起つたのであるが、双方を考へ合はすのが本筋であらねばならぬ。十二支性格の概要は子は陽中の陰水、萬物の終點と始點の接觸地、萬物育成の義あり福相多子初年苦晩年樂賢明吝嗇農商業適性病腰痛。丑は陰中の陽土、難澁不如意正直内剛堅忍なれば成功武人宗教家工人胸病脚氣。寅は陽中の陰木、陽氣秀麗義俠果斷血氣にはやり失敗吉運多し金難あり武人官吏長たる仕事工藝も可逆上肺病。卯は陰中の陽木、成就の相福分あるも怠慢にて失墜す老後不幸醫師美術家飲食商吉脚氣中風肺患。辰は陽中の陽土、陽氣熾盛大膽仁慈奸智あり短慮失敗劍難火難冐險家工藝家眼病逆上瘡毒精神病。巳は陰中の陰火、變化美相博識陰忍妬心火難あり文學美術家神經病胃病癪黄痰。午は陽中の陽火、　陽氣福性愛嬌仁俠短慮外飾漫散老後貧苦火酒色を愼めば成功す商人逆上心臟病耳病。　未は陰中の陰土、　慈仁遠慮疑惑律義變屈痔癖他と和すれば大吉法律醫學學者宗教家神經痛腫物胃病。　申は陽中の陰氣、　緩慢怜悧風采尊嚴又は卑陰反覆愼重なれば幸運商業辯護士外交官音樂家眼病胸病耳病狂亂性。　酉は陰中の陰金、　廢退美麗賢明果斷傲慢智謀謙遜なれば成功す外交銀行音樂考案發明家逆上眼病咽喉病胸病。　戌は陽中の陰土、　退勢愛嬌偏固義氣忠實劍難火難あり軍人角力棟梁よし口中病眼病悶亂。　亥は陰中の陽水　蘊蓄内勇外愚長壽潔白猛進破綻官福あり農業冒險家疝氣足疾腎臟病

干の運勢と併せて考ふべし

## 五、六十納音

十干を天干、十二支を地支といふ之を組合せて年々の干支が成立つ。卽ち甲子乙丑の如し。然るに天干は十にして地支は十二なれば天干六回地支五回にて各々六十年と爲り六十一年目は又初めの甲子なり何なりに返る故還曆といふ。此の六十を五行に配當したのが六十納音《なつちん》であるエトともいふ。人の心身は五氣五行の性を稟《う》け、更に天干地支の影響感應があり、人の天性自然の賢愚善惡にも亦それ等三種の結合化成如何によりて異なるを免れぬ。其の結合化成の順當なるものは正賢明朗、不順なる相剋にて智あるも奸疑等果斷明らかならず、又其の中庸を得たるは平靜柔順である。此の性格を表明するのが六十納音で陰陽道上の權威とせらる。

納音は支那黃帝の大臣大橈が發見し戰國時代に兵術家鬼谷氏が研究を加へ三十種を選定した。卽ち六十といつても五行を兄弟《えと》陰陽に分ち一行の木が甲乙の二年に係《かゝ》るゆへ、三十の五行が六十となる。之が某は木性某は水性といふのである。九星の一白は水性三碧は木性といふのとは全然別であるから決して混同してはならぬ。九星の相生相剋と納音の相生相剋はそれ〳〵各別である。納音は生れ年の干支に合せて知ることが出來、納音の一々にそれ〳〵性格吉凶を持て居る。

海中金、爐中火、大林木、路傍土、劍鋒金、山頭火、澗下水、城頭土、白鑞金、楊柳木、泉中水、屋上土、霹靂火、松柏木、長流水、砂中金、山下火、平地木、壁上土、金箔金、覆燈火、天河水、大驛土、劍釧金、桑柘木、大溪水、砂中土、天上火、柘榴木、大海水

以上三十にて五行の一々を各六種に分ち、更に之を兄弟として二年に用ふるゆへ六十となり、其の文字の示す如く水性にも六種の性格がある。此

を干支の性格と合せ考へて判斷すべきものとす。例へば爐中の火が丙丁と寅卯に當れば、丙丁は火氣盛大の象、寅卯は東の木、丙丁の火と爐火と重なり陽氣旺んなる上、木生火の相生なれば大吉福分あり判ず。

又五行十干十二支納音を年に配し月日時に配し、縱横交錯して人の性格の參差たる理、人と人との相生剋性方位の吉凶其の他一切を判定し得べきものとす。

## 第二節　三輪と四柱

三輪とは生れた年の干支を大輪、月の干支を中輪、日の干支を小輪といひ、その干支に五行の生剋を配し、小輪は二十歳までの運勢中輪は四十歳まで大輪は其の後の運を司どるものとし、四柱（年月日時）推命術や淘宮術では生年月日とせずして受胎の年月日を用ひ、姙胎は生れた日より二百六十五日前に遡《さかの》ぼるものとす。併し月足らずや月後れもあり醫學上でもいろ〳〵説があつて適確の受胎日時は判明し難い恐がある。左れど人は胎中より既に運命を有して居るから、此は兩説を併用する他はない。

先づ干支の組合に就て相生相剋をいへば、十干を天とし親とし長上とし十二支を子とし部下として、十干から十二支に向て相性又は比和なれば部下の補助に依て發展し、若しそれが反對なれば長上の壓迫妨害や部下の爲めに災禍を受け互に相剋す。

次に三輪の大中小共相性又は比和なれば天運循環長上の信任等立身出世の運、又三輪の下より上に相性比和は獨立發展、若し反對なれば運勢開けず且つ此の三輪相互の相剋あり、更に三輪中に陽の干支多き時は陰の日に事を行ふべく、又甲の干あれば一生に一度必ず開運す。子《ね》の支があれば春秋冬は吉なるも夏は凶等と各干支につきそれ〳〵吉凶の分別がある。又十干の變化と三輪中に甲が重なれば其の人の擧動重々しく口無調法になる。乙と乙その他同干が重れば其干本來の性格に變化を生じ多く反對傾向を生ず。

四柱とは受胎の年月日時の四つをいふ。此は唐の李虚中の發案で韓退之の文にも出て居る。四柱推命術とて日本で大に研究せられ、受胎の干支に生日の天干を加へて己が身として强弱旺衰を判し、次に年月時の干支並に十二支所屬の十干陰陽を見てそれを總統し、正官偏官財官印綬入格不入格等の二十四格十八格、大運小運十二運、天干五陽通變天干五陰通變、六觀取用、天地人三元等を論じ、天乙天官大極福星天厨十幹祿十幹食祿金輿祿暗祿夾祿天德月德月德合驛馬華蓋等の天象を拉し來たつて、人間の四柱組織による運勢を推命し、其の吉凶禍福を説き頗る精緻を極めて居る。併し一般には三輪組織の方が能く行はれる。

## 第三節　淘宮術

淘宮術は四柱の中の時を除き受胎の年月日を以て三輪組織を爲し、特に十二支に重きを置き人間一代の吉凶運勢を斷じ、悪性凶運の轉換せしむる教訓を主とするもので、宮は十二宮卽ち十二支であり淘は淘汰にて悪宮支を除き吉に遷す意である。即ち十二支は獸にあらず四時十二候の强弱を人體に附し之を十二宮といひ、十干は無役無形無現成であるか、陰陽吹吹精神活動の源幹であつて、十二宮の强弱長短緩急を指揮する沿革推遷の運氣、滿天の原素である。故に天源淘宮術と稱し凶性思癖を淘汰し推遷して善に轉ぜしむ之れ即ち淘宮なり。從て十二支は古字を用ふ。

子《ね》は滋シ、物を飼育する氣、怜悧福祿虚榮内吝。丑《うし》は結ケ、欝結性苦勞性退嬰中運溫柔内剛。寅《とら》は演エ、豪毅權威斷行猛進官祿夭折、卯《う》は豊ホ、愛敬發達緩怠幸運官祿不慮の災、辰《たつ》は奮フ、强硬圭角反覆稚氣俠氣數奇、巳《み》は止シ、溫和平靜内猾美麗平運執念、午《うま》は合コ、勇氣前進短慮仁愛虚榮老後幸運、未《ひつじ》は老ロ、老練謙德仁愛氣弱晩年幸福苦勞性、申《さる》は緩カ、緩慢剛情薄情不徹底媚佞薄幸、酉《とり》は墮タ、收歛智謀冒險性不和合氣品中運、戌《いぬ》は煉シ、過激强暴剛勇正直福祿大なるも中運、亥《ゐ》は實チ、篤實潔白進取短氣晩年好運。

要するに淘宮術は惡い干支五行の生克によつて受る凶禍を人爲の修養道德によつて精神を淘冶し善い干支五行と同一の吉祥開運を主眼とし人力にて宿命を制するのである、例へば丑年午月未日の受胎とすれば、丑と未は陰氣で萬事埒《らち》が明《あか》かぬ因循姑息の性、之を午《うま》の活潑敏捷の氣質に改め、又共同者をもその方面の人を選ぶ等有利相生の道を指導するに在り、猶三輪組織に依て病氣の性質や治否如何又療法等を知るのを觀驗といひ、淘宮術を以て人物の性格擧止動作を觀察するのを觀相といふ、但し之を人相手相宅相を觀る觀相と混じてはならぬ。

# 第五章　觀相と身光

## 第一節　人相手相

人間の心情は其の顔貌に現はれるのは固より更に一切の言動に表現するのであるが、人相といへば單に一時的の表現だけでなく、根本的の賢愚壽夭幸不幸等一代の運勢表徴を觀察するのが主である、尤も心情が變れば人相も亦變化し、殺人の大凶相も眞に改心し又善根を行へば吉相と爲る、併し前凶相の痕跡はどこかに殘印するのである。

歐米では骨相學が盛んで科學的に研究が進められ、支那では古來人相宅相學が流行し、日本には手相面相爪相術等が行はれ、又腦なれば腦だけ眼なれば眼だけで全體の事が分かる方式もある。

腦が一般に廣く耳孔より前額に至る距離の大なるもの即ち前頭の發達著大なるは貴福相にして智を兼ね、其上額特に秀でたるは論理的、下額の突出は物質的、耳の周圍の腦部發育著しきは破壞秘密、頭全體の高く開けたるは道德相、運頂後部の秀たるは決斷自信、後腦下部の發達は社交相、又眼相八、鼻相九、耳相口相舌相眉相十二宮三停五官五岳四瀆六府九曜九州八卦十字相法十三部位、面上骨骼五行傳五露傳五長五小六大六極六賤、音聲傳、血色傳、四季傳、流年傳、頭相、髮相、齒相、頂相、喉相等より人體四質、四十二心性器、十二支に因《ちな》む面相、三十二相、氣候地理に由る人相等それ〴〵傳流がある、若し能く熟達すれば其の人の所志思考、當分の吉凶永久の福禍殆んど的中せぬことはない、勿論其人の心得如何に由り吉相も悪化し凶相も善轉するのは確かである。

手相を見るには男は左、女は右手を見る、併し兩手を併せ見るもよし、先づ肩より肱までの龍骨の發達如何に依り貴賤を辨じ、肱、腕、腕首の相を見、掌は二つの筋によつて分界されたる上方卽ち指の方を天紋、腕首の方を地紋、中央を人紋と爲し、之に八卦等を配當し、其の發達如何と筋の有樣に由て吉凶や性格を判し、指は指先の長きは器用短きは不器用、爪は長きを吉とし、指先の平たく横長きは凶、大指は先祖食指は父中指は母無名指は夫婦小指は子孫に配し、食指明らかならざれば父に祟る等以下推て知るべし、三紋正しきは貴福相、又三紋の血色や肉の高低等によりてそれそれ吉凶災難病氣其の他一切の幸福成否を判ず。

又全身に就ては肩相背相胸相乳相腹相臍相腰相臀相股相膝相轂道相足相等の傳ありそれ〳〵傳書に就て見るべし。

## 第二節　宅相家相

宅相と家相は別立して見るべき點と、兩者同一に歸する場合とあつて、家相の中に宅相を併說し宅相の中に家相を含むことがある、宅經に曰く、人宅左(東)に流水あるを青龍といふ、右に長道あるを白虎、前に低地あるを朱雀、後に丘陵あるを玄武といふ最貴の相なり、此は形勝上衞生上から見て至當である、但し市街宅地は向側と正反す、故に補正の爲め種々相應せる樹木を植て塀を用ふる法あり、又象吉通書に曰く、南面して宅地後高く前下がるを晋土といふ大吉、前高く後下るを楚上といふ大凶、又宅經に宅地の平坦なるを梁土といふ吉なりと、凡そ高低欠張あるは地形の歎なり好んで作るべからず、然れども山谷の地或は通路溝川に隣りたる地は自から高低欠張ありて、貧富窮達の相を現はす故に其の高低欠張は陰陽の偏重なるものなれば、之を平和にして専ら利益に移し損害を避けしめんため陰陽向背の法を立て、宅地的法の術を工夫すといつて、宅地の手入れ宅相と家相の關連を說てある。

現在一般に行はるる說は、宅相家相共東方の出張は吉、家業繁昌子孫隆榮長壽發達、東方缺ぐれば不運子孫低能、西缺ぐれば喜びあるも散財多く、又土藏あるは吉、便所あるは妻子を剋す、南方の出張は大吉相、井戸中庭等ありて出入不便なれば主人短命且つ相續人に凶、北方缺ぐれば財あるも女主人となる、北門は凶、門は正南より少し東に在るを大吉とす。

神棚は北方南面を大吉とす、靈床は北西吉、竈は火口を東向すべし西向は爭ひあり南向は失費多し、流しは北を凶とす、便所は四方共正位を忌む、井戸は東が大吉、倉庫は西北隅を大吉とす。

此の他間取法疊數水馬屋納屋離座敷茶室池泉水の構造、築山塵溜水吸込用心水、陽氣なき地に陽氣の家を建つること、狹き地面に大きな家を建つる場合、家の大小に依り住人の多少に隨ふ吉凶、建築用材の吉凶　門戸入口の寸法吉凶、塀の高低、古井戸等のある宅地、棟木の接所、高棟と住者の關係、段違ひの床敷、路次の上を二階に取込む吉凶、二階廊下の構方、竈井戸靈床神棚の接近又は向合の吉凶、天窓竈井戸漏斗窓布石多き宅地窖の構　火燵圍爐裏の構所、涼臺屋上物干、庭の忌木石燈籠等の設所、三階庫の吉凶、切縮め倉庫、太極柱の根繼、その他根繼建增、逆木、石墳、隣地の併合、陰陽山、宅地開發、大木梅樹、流水、丘陵、兩隣、前後隣、東西八宅、竹林、岩石、芭蕉、中庭廊橋、人家對城門、對神社對佛寺近墓等につきそれ〳〵吉凶あり、又凶を廻して吉とする法あり。

宅相を以て國相を推知すれば、日本始め英米佛伊獨ソ支那等いづれも歷史的に適應して居る、地理氣候風景衞生いづれよりするも、宅相家相は愼重の研究施設が肝要である。

## 第三節　體氣と身光

人間の肉體には物理力蒸氣力電氣力があつて其の肉體に相應せる臭氣や

光彩を發揮することは何人も實驗し得る事實である、即ち强健なる者にはみづ〳〵しい艶のよい光澤があり、病弱者にはそれ〴〵其の病質や羸弱の程度に應じた枯槁灰暗の色彩を表現する、それと同じく人間の精神にはエネルギや磁力又はそれ以上特有の靈氣があつて、其の人の性格やその時その時の思想慾望善惡の考慮を光線的に放射する、歐米では之をオーラと稱し科學的に研究して確證されて居る、東洋で神佛の後光(御光又圓光)といふのも同じで、神佛の背光は至善なる故鮮明である、勿論普通には見へにくいが虚心怛懷明鏡の如くであれば、肉眼にも見へる、劒道の達人が相手の殺氣を感じ、又眠て居ても轡《くつわ》の音に目を醒すといふのは體氣と倶に心氣を看取するのである、靈光の方は氣ではなく實際の光線であるが、理義は全たく同じで觀相の達人はそれがよく分る、此の靈光は其の意思性格を其のまゝに放射するので隠す餘地はない、善心の强いのは光りが强く鮮かで、其の程度により色合に差があるが大體は白光である、惡意惡人のは黑色又は暗黑色、無邪無念神化的の者は陽光卽ち神光後光眞の靈光を放つ太陽の光に同じ、借金光詐欺光焰佞光脅迫光色慾光面從腹否光等いろ〳〵色合と射力の强柔がある、此の靈光は主として後腦部より發射するが、白光鮮光に進めば全頭部より出づ、これを觀見し得れば至大至便の讀心術であり神眼神占である、勿論病氣の有無病症等も判明する。

# 第六章　特殊の卜占

## 第一節　姓名學と音聲占

姓名の良否は古來八かましい問題であつたが近頃一科の組織的占術となつた、併し吉凶といふよりは命名に注意すべきを教訓するのが主である。姓名學は姓と名の釣合、良好の文字、語呂の良きこと、字畫字質即ち詩の平灰韻を云々する如きこと、姓と名の字畫の對比等を主として組織し解會するものである。

澁難の文字、讀み悪いもの、奇怪なのは、占術上の吉凶如何に關はらず日常實務上不便であり損であるから、此の點に注意するだけでも姓名學としての効果は認めねばならぬ。

人間の心情が顔色に現はれ眼に尤も能く映出するのは顯著であつて、眼を見れば其の人の性格や思想思考を察知するに難くない、眼の次は音聲である、場合によつては音聲の方が眼以上に具體的であり分りよいとも云へる、又單に言語ばかりでなく笛でも琴でも其の他一切の樂器、或は棒で打つだけの大鼓の音にさへ彈奏者や叩く者の意氣思念が表現するのである。

音聲傳に曰く、聲は耳に徹して躁がしく、音は聲の殘りにて遠鐘の餘音長く韻《ひゞ》く如きをいふ、又聲を五行に配し木聲は高く清く能く達す、火聲は涸て潤ひなく叫ぶが如し、土聲は重くして沈み潤ひあり、金聲は響强く鐘の如し、水聲は內にして滯りなく潤みあり、火聲は凶なり孤貧とす、聲あれども音なく、音あれども響なきは吉凶なし。

聲音丹田より出づるは上相なり福德を得、音聲淸爽にして言語應對耳立たざるを貴人とす、下賤破財の人は聲舌端より出で浮くが如く散るが如し、又濁りて小なるは凶、破聲、啞聲皆凶、蚯蚓の鳴くが如きは寒餓相、靑蠅の躁ぐが如きは賤薄相、銅鑼の如きは孤苦相、斷續の聲は敗滅、語繁多なるは心中不穩、緩急不調なるは疑惑驚動の表、鼻聲は愚痴相、前聲小後聲大は前苦後富、その反對は老後苦あり、猫聲は心毒、露情發聲は毒なきも小人の相、躁聲は下劣人、淸爽に過ぎて潤みなきは人和なく孤獨、金切聲は祖業を破る、女聲強く響くは夫を剋す、男聲が女聲の如きは不倫相、女聲が男的なるは夫と子を剋す、斷續高低悲喜不調和なるは愚痴奸惡吝嗇なり、啼聲悲聲は短命、音韻難澁なるは病患。

## 第二節　童謠と夢占

童謡は辻占の變態か又は辻占が童謡の一種か、兎に角辻占は太占に次で尤も古くより行はれ、萬葉集には夕占といひ夜占夕衢八十の衢の夕占等ともいふ、夕方又は夜分辻に出で人の聲語を聞て占ふ法、拾芥集に辻占の間方あり、後世は辻占炙出《あぶりだし》の商法と化せり。

童謡は吉凶禍福を示す豫兆として、所謂天に口なし人をして言はしむるものなりとて上古より恐れ愼むべきものとせられ、蘇我入鹿が上宮王を廢し古人大兄を立てんとせし時童謡あり、其他天智紀等に童謡多し、近世流行する小唄等にも此の意味のものあり、又流言蜚語の全たく虚構のものもあるが、時勢の是非を諷刺暗示するものも多い、此等は大衆一致の思惑が自然に發露したのである。

夢には正夢噩夢思夢寢夢喜夢倶夢の六夢を説くもの、又靈夢實夢心夢虚夢雜夢の五夢を論ずるのがある、昔は占夢官が之を占ひ、夢合せ、相夢、夢解等の行事があつた、又惡夢を拂ふ法もある、善夢は應驗あるまで人に語るべからずといひ、思夢心夢は心理上のもの、虛夢雜夢は論外とせられ、又夢は五臟の狂ひといひ、聖人に夢なしともいふ。

問題は實夢正夢靈夢である、子が故鄕の親の大病を夢み、妻が夫の戰死を夢みて時刻まで的中するが如き、又實驗し得る神託を夢みるが如き、心理的に解し得る以上のもの卽ち神秘的なのものもある。何等の豫知豫感暗示もないのに重大事件の豫兆となる夢もある、そこに夢占の立場があり、又心理的に解し得るものにも吉凶判斷を要する餘地がある。

夢占の方法や書册は澤山あるが、夢を易占に依て判斷するのは相當妥當性がある。

## 第三節　雜　占

墨色占は其の人の筆勢墨色にて吉凶を判ずるので、昔は盛んであつた、此は音聲や血色占と關聯する性格思考の發露に付て占斷する譯である。

歌占、婦女子が無心に百人首等を歌ふのを聞て占ふもの、勿論謠でも何でもよい、支那では卷卜といふ、秋の田の刈穗なれば、秋穫充分願望叶ふ穀價下《さが》る待人來る住居安からず後吉等と判ず、伊勢度會家の末葉たる北村家に歌占の弓といふがあり、謠曲にも歌占のことがある。

錢占、錢を水に投じ字の方が出れば吉、出陣等に用ひ、秀吉が二枚合せどちらが出ても字があるやう巧みたる話あり、子供がナメカタとて錢を投じ晴雨を占ふこともある。

石占、石神社といふのが所々に在る、又道祖神を幸《さち》の神といひ祠前に丸き石を置きその輕重を試みて吉凶成否を判じ、石に祈りて靈異を受くるといふこともある。

觀象占、夏に夕燒すれば翌日大雨洪水がある、秋の夕燒は好天氣の兆、船乘が雲の色や日の色月の色星の光《ひか》り方によつて晴雨風雷を知るのは殆んど神幾に近いものがある、そしてそれは又科學的でもある、又正月元日に終日雲あれば五穀成らずとか、地震にて吉凶豊凶を占ひ、兵革流行病等を云々す。

又天象に關する日取の吉凶に、天恩日天赦日大明日母倉日、六曜の先勝友引先負佛滅大安赤口、又長沐官臨帝衰病死墓絶胎養の十二運、建除滿平定執破危成納開閉の十二直等の判斷あり、或は燈火の灯子多く生ずれば吉、その模樣により旅行來人酒食姙娠等の吉凶を判ず。

算を疊に投ずる疊占、灰占、橋占、足立、米占、三角柏占、唾占、菖蒲占、室八島、氷占等俗占は無際限である。

御嶽教
正統伝
# 祈祷禁厭神占宝典

昭和十六年三月二十日　初版発行（御撮教大本庁）
令和　六　年八月三十日　復刻版第四刷発行

編　者　渡辺銀治郎

発行所　八幡書店
東京都品川区平塚二―一―十六
KKビル五階
電話　〇三（三七八五）〇八八一
振替　〇〇一八〇―一―四七二七六三



ISBN978-4-89350-593-4 C0014 ¥2400E